誰かに教えたくなる
レトロ建築の話

門井慶喜
Kadoi Yoshinobu

奈良岡聰智
Naraoka Sochi

潮新書
033

潮出版社

まえがき

奈良岡聰智

ロンドン留学時代、よく街を歩き、次から次へと現れる素晴らしい建築物に圧倒された。ロンドンに限らず、ヨーロッパの都市には、どこでも博物館さながらに歴史的な建築物が建ち並んでいる。石造建築が主流で、地震がないヨーロッパでは、戦災に遭った一部の都市を除けば、古い建築物が多数残されている。地方都市でも、壮麗な教会や公会堂をよく見かける。一見ごく平凡な民家が、実は十九世紀の建物だったということも珍しくない。

それに対して、日本の都市には古い建築物が少ない。伝統的に木造建築が主流で、近代化の過程でその多くが取り壊された上に、地震や戦災によって大きな被害を受けたことが影響している。現在、建築物の多くはコンクリート製で、機能性を重視したものが大半のため、残念ながら街並みも単調である。

もっとも、日本の建築物に魅力がないというわけではまったくない。むしろ、日本の建築は、多様であり、ユニークだと思う。大都市を歩いていて、突然古風な和風建築に遭遇して、はっとさせられた経験を持つのは、筆者だけではないだろう。近代建築にしても、日本のそれは欧米の単なる模倣ではなく、和風の建築様式から影響を受けていたり、外国の作風を巧みに組み合わせたりしているという点で、独創的なものが少なくない。

明治以降の歩みが凝縮されているというのも、日本の近代建築の魅力の一つだろう。明治期の洋風建築には、西洋化をアピールするため、国家を背負って設計にいそしんだ建築家たちの気概が刻印されている。東京近郊のリゾート地の形成には、国家の行く末を構想した政治家や財界人が大きな役割を果たしていた。日本の近代建築は、こうした近代化に伴う様々な「物語」の宝庫であり、そこには、ヨーロッパの近代建築にはない、なんとも言えない魅力がある。

幸運と人びとの努力によって今日まで残されてきた近代建築は、しばしばレトロ建築と呼ばれる。レトロ建築が残された、あるいは残されなかった過程もまた、「物語」の宝庫である。この国は、近代化、震災、戦災そして戦後の高度経済成長の中で、多くの建築物を失ってきた。その動きは、東京オリンピックに向けた建築ラッシュ、少子高齢化や不景気による所有者不明の建物の増加、年々厳しさを増す自然災害により、今なお続いているように見える。東京オリンピックと大阪万博を目前に控えた現在、レトロ建築の歴史をたどり、それにまつわる様々な「物語」を紡ぐことは、我々の将来を考えるうえで、決して無意味ではないはずである。

本書は、こうした問題意識のもとで、作家の門井慶喜さんと歴史研究者である私がレトロ建築をめぐる様々な「物語」について語り合ったものである。ミステリーと歴史小説を得意とする門井さんは、近年、『屋根をかける人』『家康、江戸を建てる』『東京、はじまる』など、建築を素材とした歴史小説を多く発表してきた。日本政治外交史を専攻する私は、政党政治などオーソドックスな研究テーマに取り組む傍らで、政治家の別荘、国会の議場構造、大使館建築など、政治史・建築史・都市史を架橋する仕事を手がけてきた。対談は、このようにバックグラウンドを異にする二人が、執筆や研究の過程で発見した様々なエピソードを紹介し、お互いに感想や意見をぶつけ合うという形で行った。事前のすり合わせや調整は敢えて行わなかったが、妙に波長が合い、両者の持ち味や問題意識がよく出た対談になったように思う。

対談は、三回に分けて行われた。第一回は奈良ホテル（二〇一八年六月二十八日）、第二回は大磯駅前の料亭「松月《しょうげつ》」（同年十月十二日）が会場だったが、直前に同ホテル内部や大磯の別荘群を見学していたため、対談にはその時のやや高揚した気分が反映している。また、第三回は丸ノ内ホテル（二〇一九年一月十一日）のレストランで行ったが、東京駅や丸ノ内を見下ろしていたことが、二人の東京論に影響したのも間違いない。第一回、第二回、第三回の対談が、それぞれ本書の第一章、第二章、第三・四章に当たっているが、こうした背景も踏まえて読めば、より楽しんでいただけるだろう。なお、この対談の一部はすでに、「建築から見える日本の近代史」（『潮』二〇一八年九月号）、「大磯の別荘建築がもつ現代的意義」（『潮』二〇一九年一月号）として発表されているが、本書には、雑誌収録時には割愛されていた部分を含めて、対談のほぼすべてが収録されている。

本書が、歴史や建築を愛好する多くの人に楽しんでいただけることを願っている。

誰かに教えたくなるレトロ建築の話●目次

【写真クレジット】

P36　時事通信フォト

P37、38、45、47、117、132、137、144、172
amanaimages

P41　PPS通信社

P152、167　アフロ

上記以外の写真は編集部にて撮影

第1章

日本の近代建築の進化

〜明治・大正・昭和（戦前）〜

高橋是清に学んだ辰野金吾

奈良岡　門井さんは直木賞候補になった『家康、江戸を建てる』の続編ともいえる物語として、『別冊文藝春秋』（電子版）に「空を拓《ひら》く」を連載されていましたね（『東京、はじまる』と改題の上、刊行）。主人公の辰野金吾《たつのきんご》[*1]は日本銀行本店[*2]や東京駅をはじめ、今日まで残る優れた近代建築の数々を手がけてきた建築家です。

門井　『家康、江戸を建てる』は家康が江戸に入り、何もなかったところから町を造る話でした。『東京、はじまる』は、その家康の造った和風建築だらけの江戸を、辰野金吾が近代建築の街へと改造する話です。家康が新築なら辰野はリフォーム（笑）。日本銀行本店、東京駅、国会議事堂といった個々の近代建築の魅力を含め、戦前の東京そのものの街の魅力を描きたいと思ったのです。

奈良岡　建築史の研究は、文明開化期の建築家がどのように西洋建築を摂取したのかといった問題関心から、個別の建築や様式に目が向かいがちです。でも門井さんの小説はもっとスケールが大きい。都市や国家のあり方につながる広い視点から、辰野金吾という建築家、また日銀本店などの建物のことが描かれています。そこが『東京、はじまる』の非常に興味深いところでした。

門井　辰野金吾という人は、調べれば調べるほど本当に、おもしろい人なんです。彼は幕末の肥前《ひぜん》国唐津《からつ》藩（現・佐賀県）の下級武士、半士半農の低い身分の家に生まれました。しかも次男で、子どもの頃からいずれ養子に出されることが決まっていたんです。本来であれば、歴史に名前を残すことなどなかったはずの人物なんです。

　でも明治時代になり、彼の運命は大きく変わります。明治四（一八七一）年に、唐津に洋学校「耐恒寮《たいこうりょう》」が開設され、高橋是清《たかはしこれきよ》[*3]が英語教師として赴任してくる。この学校で辰野は、西洋の学問を学びます。やがて唐津の仲間たちと高橋の後を追って上京し、工部省工学寮[*4]に入って建築を学び始めます。ただ、先ほど言ったように辰野はもともと身分が低く、自分たちは負け組、マイナスからのスタートなんだという意識を強くもっていたと思います。

奈良岡　高橋是清は大正十（一九二一）年に、原敬《はらたかし》首相が暗殺されたあと、その後継として首相になります。その後、降格して農商務大臣や大蔵大臣をやりますね。当時、首相にまで上り詰めた人がその後、平の大臣をやるなんてことはあまりありませんでした。幕末以来、散々な苦労をし、辛酸をなめてきた高橋是清らしいキャリアです。

門井　高橋は常識や型に一切こだわらない人でしたからね。彼は唐津で英語の学校の先生をした後、東京へ戻って一介の役人生活を始めます。その後、文部省や農商務省の官僚として活躍した後、特許局の初代局長に就任するなど、それなりに成功します。

　ところがその後、ペルーで銀山を採掘するという怪しい話に騙されて、無一文になってしまう。その結果、東京・大塚にもっていた一〇〇〇坪ほどの家を維持できなくなり、月六円の借家に住み直します。普通は恥ずかしいと考える（笑）。でも彼は周囲の目なんてまったく気にせず、近所の借家に引っ越すんですね。

奈良岡　細かなことにとらわれない、器の大きな人物ですね。

門井　先ほど辰野金吾がマイナスからの出発だったと言いましたが、高橋是清の人生もマイナスからの出発でした。高橋はいわゆる非嫡出子で、若い頃にはアメリカで奴隷同然のような生活をしていました。ペルー以前にも騙されている（笑）。そしてちょっと成功したと思うと、大きな失敗が待っている。まるで日本の近代を象徴したような、非常に起伏に富んだ人生を歩んだ人物です。

奈良岡　私が研究している加藤高《たか》明《あき》[*5]も、開成学校（当時は共立学校）時代に高橋是清から英語を習っています。高橋は明治に活躍したたくさんの人と縁があるんですよね。ただ、辰野金吾が見出されて世に出るきっかけを作ったのが高橋是清だということは、今回初めて知りました。非常におもしろいエピソードですね。

門井　辰野金吾、佐立七次郎《さたちしちじろう》*6、岡田時太郎《おかだときたろう》*7など、近代の日本人建築家のなかには、なぜあんなに唐津出身者が多いのか。研究者のなかには偶然だという人もいますが、私は違うと思います。

　辰野や佐立、岡田らは唐津からみんなで東京にやって来ました。そして高橋是清の友だちが、林董《はやしただす》*8という蘭学あがりの役人ですが、工部省工学寮を造っているという話を聞く。さらに高橋のすすめもあって、みんなで工部省に入ったのではないでしょうか。作家としての想像も多少入っていますが、それが自然な流れだと思います。そう考えると、高橋是清は日本の建築界の礎を築いたとも言えるんです。

奈良岡　斬新ですが、説得力のある解釈ですね。

門井　高橋是清はペルーの銀山で失敗し、帰国しても、もう役人には戻れない。そこで日本銀行に入行し、日本銀行本店の建築を担当します。そのときの建築所の監督は、日銀本店を設計した辰野金吾でした。高橋是清は辰野金吾の下で、事務主任として働いたのです。
高橋是清と辰野金吾は同い年ですが、高橋はかつて辰野の先生でした。生徒が自分より上に立つことになったわけですね。それでも高橋は、そんなことはまったく気にしない。かつて教え子だった加藤高明が総理大臣だったときも、高橋は平気で農商務大臣を務めています。

やがて追い出されるお雇い外国人

門井　ちょっと話を建築に戻しましょう。辰野金吾が設計し、明治二十九（一八九六）年に竣工した日本銀行本店の建物は、日本人建築家の手による初めての大がかりな西洋建築です。

奈良岡　辰野金吾は、工部大学校教授として来日したイギリスの建築家、ジョサイア・コンドル[*9]から建築を学んだんですよね。辰野はコンドル門下が日本の近代建築を造っていく時代の先駆的存在でした。

おもしろいのは、コンドルと辰野金吾の間にはライバル同士ともいえる緊張関係があったことです。やがて恩師であるコンドルを追い出すような形で、辰野金吾は設計の仕事をどんどん受注していきます。

『東京、はじまる』では、そんな師弟対決が鮮やかに、興味深く描かれています。とくに印象的だったのが、鹿《ろく》鳴《めい》館《かん》[*10]の建設をめぐって辰野がコンドルを出し抜く場面です。

門井　プレゼン合戦で辰野が勝つところですね。

奈良岡　あそこは非常におもしろく読ませていただきました。

門井　あのシーンは、あくまで私の想像です。明治十六（一八八三）年竣工の鹿鳴館はコンドルが設計し、明治二十九（一八九六）年竣工の日銀本店は辰野金吾が造りますよね。その間のどこかで、必ず日本人が外国人を追い抜く瞬間があるはずだと考えたんです。「日本人が外国人に勝った」というドラマを読者に分かりやすく伝えるために、プレゼン合戦で戦わせることにしたわけです。現実にあのような場面はなかったかもしれませんが、二人の間にあのような心理的葛藤は絶対にあったはずです。実際、コンドルはある時点から、政府からの大型受注がなくなっていきますしね。

奈良岡　その代わり、岩崎家（三菱）のようなパトロンのもとで、民間の仕事をするようになります。その後は、政府の仕事をしていた頃と作風や仕事の仕方が、ガラッと変わります。

門井　辰野金吾は工部大学校を主席で卒業した後、イギリスに四年間留学します。そしてロンドンの街を見て、おそらくコンドルが本国では一流ではないことに気づいたんじゃないかと思います。

河上眞理さんと清水重《しげ》敦《あつ》さんの共書『辰野金吾』（ミネルヴァ書房）では、このあたりのことを細かく調べて書いています。当時のイギリスは大英帝国の時代で、アメリカやロシアより圧倒的に強い国でしたよね。その国の建築を現地で見て、辰野金吾は逆に自信をつけた気がするんです。

奈良岡　そういうことは、おそらく日本全国で起こっていたように思います。幕末や明治初期には、西洋のことを知るうえでは、本やごく少数のお雇い外国人から学ぶしかありませんでした。でも明治十年代、二十年代になると直接、日本人が西洋にアクセスできるようになります。現地で西洋の文化や生活を体験し、様々なものを学び取ってきた人が帰ってくる。そうなるとお雇い外国人が駆逐されていくわけですね。

門井　そうなんです。

奈良岡　法律の分野においてもそうですよね。例えば、初期の立憲思想を日本人は主に書物から学びました。その後、伊藤博文《いとうひろぶみ》[11]らがヨーロッパに留学し、ローレンツ・フォン・シュタイン[12]など現地の一流の学者から直接憲法を学ぶわけです。そして自分自身の血肉化した憲法を作っていくわけですね。文学では夏目漱石《そうせき》がその例です。

あらゆる分野で、お雇い外国人から日本人へと代替されていくプロセスがある。コンドルが民間にシフトしていくのは、そのような大きな流れのなかでの話です。『東京、はじまる』では、そこが非常にドラマチックに描かれていました。

門井　おっしゃる通り、お雇い外国人の多くはまさに駆逐され、本国に帰っていきます。でもコンドルは例外的に母国へ帰りませんでした。私の想像ですが、自分がロンドンに戻っても一流の仕事はやらせてもらえないことが分かっていたのではないでしょうか。でも日本にいれば、それなりに先生扱いしてもらえるわけです。

奈良岡　コンドルという人は、日本にしか作品がない建築家ですよね。イギリスや外国では作品を残していません。また初期の官庁建築と、後半の民間建築とでは作風がかなり違います。初期の頃は、思いこみの強いオリエンタリズムが鼻につく作品が多いです。

ところが後半になってくると、和洋の折衷《せっちゅう》の仕方がかなりこなれてきます。岩崎家という大パトロンがついたおかげで、作風を大胆に変えることができたんですね。私は岩崎邸など後半のコンドル建築は、ものすごくおもしろいと思っています。日本に踏みとどまって新しい境地を開拓したといった点で、コンドルのことは評価しています。

門井　現在、旧岩崎邸庭園[*13]として公開されている岩崎邸は年月を経てもデザインが古びず、戦後はＧＨＱの役所として使われました。それだけ長もちし、多くの人に愛され、利用され続けたわけです。いっぽう鹿鳴館は、初期の代表作ですが、最後は銀行の所有となって取り壊されます。まるで、かつて美しかった令嬢が落魄するかのように。

専門性より普遍性を目指した近代

門井　ところで明治のお雇い外国人のなかには、出自の怪しい人がけっこういますよね。内《うち》村《むら》鑑《かん》三《ぞう》[*14]や新渡戸稲造に大きな影響を与えたクラーク博士[*15]も、アメリカでは無名の学者でした。

日本で灯台をたくさん造り、「灯台の父」とも言われるイギリス人技術者のリチャード・ヘンリー・ブラントン[*16]は、実は灯台のことなんて全然知らない人だったんです。

彼はもともと鉄道技術者ですからね。でも早くから産業革命が成立したイギリスでは鉄道の仕事がなくなり、しかたなく日本にやって来た。日本行きが決まってから、あわてて灯台のことを勉強したんです。法律の分野においても、本国で有名な人はいないように思います。

奈良岡　当時のお雇い外国人は、自分の専門以外のこともいろいろやらされていますよね。当時の法律自体が未分化だったのかもしれませんが、民法の専門家が商法を教えていたりします。

門井　徳《とく》富《とみ》蘇《そ》峰《ほう》[*17]は熊本洋学校を設立したアメリカ人、リロイ・ランシング・ジェーンズ[*18]に学び、彼のことをとても尊敬していました。ジェーンズが設立した熊本洋学校では当時、すでに男女両方の寄宿舎を造り、極めて進歩的な教育を行っていました。

　でもジェーンズは南北戦争でケガをして日本に来た軍人で、特別な専門分野をもっていたわけではない。いわば当時はアメリカ人であること自体が先進的で、意味があったわけです。そこから先の専門性は、実はそれほど重要ではなかった。そもそも近代とはそういうものだったのかもしれません。個々の専門性を超えて、人類全体にとっての合理的な思考、普遍性から日本人は勉強したわけです。

奈良岡　知のあり方が今とは違っていたんでしょうね。専門化されていないがゆえの強み、迫力があった時代です。

門井　当時、アメリカやイギリスに生まれて育った普通の人が日本に来て、普通にしゃべっているだけで、特別な新しい知のあり方に見えた面もあるのではないでしょうか。

奈良岡　そうでしょうね。私は政治学を研究していますが、東京大学で初めて政治学を担当していた教授は、美術史家として有名なアーネスト・フェノロサ[*19]なんです。また当時は、文学部のなかで政治学が開講されていました。

門井　今では考えられない話ですね。

奈良岡　おそらく政治学を教えられる人がいなかったので、学校から頼まれてフェノロサが担当していたのでしょう。彼は英米流のデモクラティックで、自由主義的な政治学を教えていたようです。ところが明治十四年の政変[*20]以降、明治政府は英米系からドイツ系へと一気にシフトします。そのためフェノロサはクビになり、アメリカへ帰ることになるんですね。

門井　フェノロサの後は、カール・ラートゲン[*21]というドイツ人がドイツ流の国家主義的な政治学を教えます。ラートゲンがしばらく教えたあと、夏目漱石と同世代の小野塚喜平次《おのづかきへいじ》[*22]が初代の政治学教授になります。

ちなみに明治十四年の政変によって、大隈重信《おおくましげのぶ》*23が政府から駆逐されました。当時、大隈が主導したイギリス流の政党政治は、世間からは非常にリベラルで急進的に見えていたようです。そして最終的に、立憲君主制のほうが日本にはふさわしいということになり、ドイツ学の側が勝ったわけです。

奈良岡　まず自由民権運動が、「憲法を作って国会を開け」と主張し、政府内で争いが起きます。大隈重信は、「ただちに国会を開け」「イギリス流の憲法を作れ」と主張しました。逆に伊藤博文は、「ドイツ流で行くべきだ」と、大隈重信を政権から追い出したわけです。

そして政府は、ドイツ流の憲法を作る準備を始めます。さらにこれまで英米系が中心だった人文社会科学系の学問が、ドイツ系へと一新されます。国策によって、政治と学問の方向性が大きく変わったわけですね。

門井　国会開設の詔勅も、そのときですよね。

フェノロサの話に戻すと、彼が何をやりたくて日本に来たのかは私には分かりません。ただ彼は文部省の嘱託となり、岡倉天心《おかくらてんしん》*24と組んで奈良・京都で片っ端から、神社仏閣の調査をします。

これは有名な話ですが、それまで秘仏とされていた法隆寺の夢殿を最初に開けたのは、フェノロサと岡倉天心です。岡倉天心が書いたものによると、法隆寺のお坊さんは「夢殿を開けたら雷が落ちる」と信じていて、天心が夢殿を開けようとしたら逃げていったらしいんです。でも実際に開けてみたら、クモの巣が張っていて、像がサラシのようなものでグルグル巻きになっていた。それをとったら、美しい救世観音像が出てきた、というわけです。

岡倉天心は「フェノロサ先生が来ているのだから」と外国人を利用し、フェノロサは外国人だったおかげで、日本で文化史的な功績を残すことができたのです。

建築家には政治力も必要

門井　これまで話してきたように、学問や文化の発展は政治に大きく影響されます。文化や文化財を守り、発展させるうえではときには政治力も必要です。とりわけ建築は文化財であると同時に、そのまま政治の舞台装置となる分野です。

奈良岡　その点に関しては、再び話を辰野金吾に戻したいと思いますが、彼は若くして自分の仕事をどんどん開拓していきました。
でも晩年になると、「辰野式」と呼ばれる建築様式が定まり、辰野金吾という存在は権威になります。同時に政治的な動きが強まっていきます。そこで有名なのが、国会議事堂建設のときの妻《つま》木《き》頼《より》黄《なか》*25との争いです。辰野はこのとき、半ば強引にこの計画に顔を突っ込んでいくわけですが、晩年、このように何かと難しい先生になってしまった辰野金吾について、門井さんはどのように見ていますか。

門井　国会議事堂に関しては、辰野金吾が明らかに横槍を入れたのだと思います。当初は妻木路線で進んでいたのに、「なんでオレに話が来ないんだ。聞いていないぞ」と。でもあからさまに自分のものにするわけにはいかないから、強引にコンペにもっていったわけです。

　その結果、国会議事堂のデザインはひどいものになってしまいました。様式的に統一性がまったくない。正面は列柱の上に三角屋根がのるという、とんでもない設計です。当時の欧米人には、とても滑稽な建物に見えたことでしょう。

奈良岡　インド・マハラジャのお墓のように見えた、との話もありますね。

門井　そうそう。建物というよりお墓ですよね。それくらい不格好なものになってしまった。いろんな人が寄ってたかって造ったからです。

金吾が晩年、権威になることについては、その功罪を突き詰めて考えなければいけないと思います。いずれにしろ私は、辰野を「聖人」として祭り上げるつもりはありません。辰野金吾の欠点も包み隠さず書くし、それが小説の魅力になると思うからです。それに、晩年の辰野は確かに厄介な人物ですが、愛嬌もあるんです。

奈良岡　先ほど、建築は文化財であると同時に、政治との関わりが大きいという話がありました。建築家は純粋なアーティストというよりは、オーガナイザーの側面が大きいですよね。

若い建築士や設計士を従えて、実作業のほとんどは若い無名のスタッフが担うわけですから。またオーガナイザーにとっての重要な仕事は、良いパトロンをつかまえることです。商才と政治力、チームを率いる統率力も必要とされるのが建築家だと思います。

門井　総合プロデューサー的な存在なんですよね。

奈良岡　例えば関西には、奈良ホテル*26の完成のために尽力した実業家で、政治家でもあった片《かた》岡《おか》直《なお》温《はる》*27という人がいます。彼の養子の片岡安《やすし》*28が、辰野金吾と一緒に事務所を開くんですね。

辰野金吾は関西でビジネスを拡大するために、弟子の片岡安を非常にうまく使いました。片岡安は金沢出身で、後に金沢市長も務めています。辰野金吾はオーガナイザー、プロデューサーとしても非常に有能な人だったという印象があります。

門井　辰野は東京では、葛西萬司《かさいまんじ》[*29]と共同で、辰野葛西設計事務所を設置しました。大阪では片岡安と組んで辰野片岡事務所を作ります。東京と大阪とで、わざわざ別の事務所を置いたんですね。

奈良岡　片岡安は自分の教え子なので、実際は仕事のほとんどは片岡安にやらせていたんじゃないでしょうか。名前を貸して、コミッション（手数料）を取っていたのではないかと思います。そのあたりも商売上手ですよね。

門井　おそらくそうでしょう。辰野は日本人として、極めて早い時期に民間の建築事務所を作った人です。最初は岡田時太郎と一緒に辰野金吾建築事務所を作りました。岡田は辰野のおさななじみで、のちに軽井沢の三笠ホテルを造っています。

　最初は岡田、のちに葛西と、共同で組織的に仕事をすることを早い段階から意識的にやっているんです。そこは、イギリスで学んだのかもしれません。辰野金吾は若い頃、ウィリアム・バージェス[*30]というコンドルの師に当たる人の事務所で、ドラフトマン（製図工）

として働いていました。その事務所を見て、これなら自分も日本でできると思ったのでしょう。

会社作りは、モデルがないと簡単にできるものではありません。逆に言えば、まだ誰も知らない段階で、一人だけ知っていれば圧倒的な競争力になる。当時、組織的な仕事の仕方を知っていただけで、日本でのオーガナイザーとしての力は絶大なものになったことでしょう。

奈良岡　先駆者になれると。

門井　はい。そこは絶対にあったと思います。

建築界には維新の負け組が多い

門井　ところで片岡直温は昭和二（一九二七）年に大蔵大臣だったとき、国会で「東京渡辺銀行は破綻した」と失言し、昭和金融恐慌のきっかけをつくった悪名高き人物です。

奈良岡　片岡直温は土佐の下級武士出身で、警察官になって滋賀県警部長を務めていたときに、日本生命の創業に関わります。関西鉄道や都ホテルなど、関西の有名企業の経営にも携わりました。その流れのなかで、奈良ホテル建設の計画を立てるのです。奈良ホテルの実際の経営を行ったわけではありませんが、陰の功労者ですね。

門井　彼は民間出身の大蔵大臣だったわけですよね。

奈良岡　明治の末に「実業界の人間も政治にもっと参加するべきだ」という流れが強まります。そして実業界出身の議員が衆議院で小会派（戊申《ぼしん》倶楽部《くらぶ》）を作り、そこに彼が入るのです。

片岡は、最初は実業界と政治家の両方を兼ねていました。大正時代になって、政治家一本に絞ります。立憲同志会（のちの憲政会、立憲民政党）で幹部になり、昭和になると大蔵大臣まで務めるようになったのです。

門井　晩年に回顧録を二冊書いていますよね。あれを読むと、最初から最後まで党利党略のことばかりです。まるで生まれたときから政治家だったみたいです（笑）。実業家としての業績についてはほとんど書かれていないのが不思議です。

奈良岡　おそらく片岡は、最初から「実業界で金を稼いで、末は大臣になろう」と考えていたのだと思います。

門井　最初から、志は政治の側にあったんですね。

奈良岡　片岡直温の前半生の財界での活躍は、今ではすっかり忘れ去られています。そこは掘り起こす価値があるのではないかと思うんです。彼は京都・大阪の多くの企業の創立に関わっていて、なかなかおもしろい人物ですからね。片岡安が大阪・中之島の中央公会堂を造るうえでも直温の人脈をかなり使っています。

　また片岡直温の兄の片岡直輝《なおてる》[31]は、大阪ガスの社長を務めた人で、片岡兄弟は二人とも大阪財界の重鎮なんですね。そこから片岡安は様々な仕事を受注していたわけです。片岡安の活躍の裏側では、片岡兄弟の人脈がそうとう働いていると思います。辰野金吾はそこにうまく乗っかり、関西の仕事を得ていた。そういったところは非常にしたたかです。

門井　大阪ガスは今でも大会社ですが、戦前はもっと存在感のある会社でしたしね。家庭は今ほど電化されておらず、ガスのほうが普及は早かったのではないでしょうか。またガスビル（大阪瓦斯《ガス》ビルヂング[32]）は、今でも残っている立派な名建築です。

　大阪・京都で片岡家が非常に大きな力をもっていて、片岡直温が大阪ガスを、片岡安が大阪の建築界を押さえていた。さらに生命保険も押さえ、東京の政界につながっていく。ただおもしろいのが片岡は土佐出身で、若い頃から政治に関心をもっていたのに自由民権運動には行かなかったことですね。

奈良岡　そうなんです。土佐イコール自由民権運動というイメージがありますが、必ずしもそうではないんですよね。板垣退助《いたがきたいすけ》[*33]の自由党には片岡健吉《けんきち》[*34]など、土佐出身の政治家が多くいました。ただ自由党系じゃない人脈も、土佐にはあるんですよね。

例えば三菱財閥の創業者である岩崎弥太郎《いわさきやたろう》[*35]は、自由党と仲が悪かったですよね。岩崎ら土佐の郷士《ごうし》出身者は、板垣退助や片岡健吉ら上士出身者に強い恨みをもっていた。また自由党は上士たちがやっているものだというイメージが強い。そこで土佐の下級武士出身者のなかには、自由党に反発する人たちが多くいたんですね。

岩崎弥太郎が立憲改進党[*36]のパトロンになったのは、三菱が起業するにあたって大久保利《おおくぼとし》通《みち》[*37]と大隈重信の支援を得たから、その恩返しという面があります。同時に、土佐の上士出身者に対する対抗心も働いていたのではないかと思います。

門井　岩崎弥太郎は、もともと地下浪人《じげろうにん》ですからね。

奈良岡　加藤高明内閣で鉄道大臣をやった仙石貢《せんごくみつぐ》[*38]など、土佐出身で立憲同志会に入る政治家は、けっこういるんです。片岡も広い意味ではその流れで、もともと土佐勤王党に入っていた郷士です。

門井　上士に対して強い反発心をもっているわけですね。

奈良岡　だから自由民権派には行かない。この流れの末にいるのが、土佐出身で民政党に行き、首相になった濱口雄幸《はまぐちおさち》です[39]。実業界でいえば、土佐出身で岩崎家につき、日銀に入った川田小一郎[40]も、この流れです。

門井　後藤象二郎《ごとうしょうじろう》[41]、板垣退助は言うまでもなく片岡健吉、吉田茂の実父の竹内綱《たけうちつな》[42]らは上士でしたよね。

奈良岡　彼ら上士のほとんどは自由党系です。ただそれほど身分が高くないのに、自由党に行っている人もいます。単純に上士イコール自由党、郷士イコール立憲同志会とも言い切れない。上士、郷士、それぞれのなかでも亀裂はあったようです。

門井　いずれにせよ片岡家は土佐である以上、どちらかというと維新の勝ち組ですよね。ただ日本全体のなかで考えると、建築界は維新の負け組が多いんです。日本の近代建築を担う人材を多数輩出した唐津が、そもそも負け組中の負け組ですからね。唐津出身の幕末の老中だった小笠原長行《おがさわらながみち》[43]は、明治維新の声明に抵抗して、最後は五稜郭まで行った人です。

　辰野金吾の終生のライバル、妻木頼黄もそうです。彼は戦国級の大旗本、妻木源三郎頼功の長男です。世が世であれば幕閣に入っていた人なんですが、維新によって負け組になりました。勝ち組は、赤坂離宮などの宮廷建築を多く手がけた片山東熊《かたやまとうくま》[44]くらいしかいないのではないでしょうか。

奈良岡　片山は長州出身で奇兵隊でしたよね。

門井　その通りです。片山は奇兵隊に入って、会津戦争で会津を倒しました。明治の建築業界で勝ち組といえば彼くらいしか思いつきません。

関東大震災で倒れなかった帝国ホテル

奈良岡　ここからは明治・大正・昭和のなかから印象的な建築物をお互い挙げて語り合いたいと思います。

門井　明治時代で一つ挙げるとすれば、やはり辰野金吾が設計し、明治二十九（一八九六）年に竣工した**日銀本店**ですね。

　日本人が外国人の軛《くびき》から脱して、初めて造った本格的な建築だからです。そのような建物は、それ以前にもあるにはありますが、ここまで大きな国家枢要の建築を日本人が手がけたのは、これが初めてです。しかも日清戦争（一八九四～九五年）後、資材が枯渇してい

日本銀行本店（国指定重要文化財、明治29年竣工）

た非常に困難な時期に造ったことに、とても大きな意味があると思います。

今見ると多少滑稽というか、権威主義的なところはありますが、逆に言えば、そういうところからも当時の日本人にとって、これだけの建築物を造るには一〇〇パーセント以上の精神的エネルギーが必要だったことが分かって、興味深いと思います。

奈良岡　なるほど。大正時代の建築ではいかがですか。

門井　アメリカの建築家、フランク・ロイド・ライト[*45]が設計し、大正十二（一九二三）年に竣工した**旧帝国ホテルライト館**を挙げたいと思います。大正時代には、お雇い外国人の時代は、すでに終わっています。

旧帝国ホテルライト館（大正12年竣工、現在は愛知県犬山市の「博物館明治村」に移築保存）

フランク・ロイド・ライトは明治の名ばかりのお雇い外国人とは違い、日本に来た時点で、すでに世界的名声がありました。日本人の建築家が当たり前のように近代建築に取り組むようになったなか、世界的建築家をあえて呼び、世界レベルの大型建築を造ったことに意義があると思います。

奈良岡　ライト館は昭和四十三（一九六八）年に解体され、今は明治村（愛知県犬山市）で当時の建物の一部を見ることができますね。

門井　これは有名な話ですが、ライト館の開業当日（一九二三年九月一日）に関東大震災が起きました。でも東京が壊滅的な被害を受けたなか、ライト館は倒れませんでした。その事実が、その後の日本のビルディング建築に与えた

講談社旧本館（昭和9年竣工）

影響は、実に大きなものがあります。

奈良岡　昭和の建物のなかでは何が印象的ですか。

門井　昭和になると、政治家や辰野金吾のような建築家が、権威的に世の中を動かすことは少なくなってきます。大正十四（一九二五）年には普通選挙制度も始まり、大衆社会へと変化していきます。そういう時代の象徴的な建物として、昭和九（一九三四）年に竣工した**講談社旧本館**（東京都文京区）を挙げたいですね。

戦前、講談社は大衆文化を背景に大衆的な雑誌を作り、一大帝国を築きます。大衆文化がこれだけの建物を建てられる時代になったことがまず素晴らしいと思います。今も残るこの建物を設計したのは、曾《そ》禰《ね》中條《ちゅうじょう》建築事務所です。有

滄浪閣（旧伊藤博文別邸。現存するものは、李王家別邸として大正12年に再建）の前で

名な建築家によるものではあっても、作家性は前面に出ていません。その点でも明治・大正とは趣が異なる建物です。

明治の政界の雰囲気が想像できる大磯

奈良岡　建築様式や建築家に詳しい門井さんは、明治・大正・昭和の建築を、非常にバランス良く取り上げられました。私は歴史研究者なので、建築様式や建物自体より、「立地がもつ意味」や「そこで何があったのか」といった歴史的意義、周辺のストーリーに関心が向かいます。そのような問題意識から三つの建築を挙げたいと思います。

一つめは、神奈川県大磯町にある旧伊藤博文邸「滄浪閣《そうろうかく》」[*46]です。湘南海岸にある大磯は明治時代、「政界の奥座敷」と呼ばれ、元老や実業家の別荘が多く集まっていました。そこに伊藤博文が建てた別荘で、後に本邸となったのが、滄浪閣です。湘南の海が見渡せるということで、その景色を建物の名前にしたものです。

　伊藤博文という政治家について、司馬遼太郎《しばりょうたろう》さんなどは小説で随分軽薄な人物として描いています。ただ最近の研究では、非常に重厚な国家思想をもった立憲政治家だったことが分かっています。

門井　政治家として、再評価もされているようですね。

奈良岡　そんな伊藤博文の政治姿勢がよく表れているのが滄浪閣です。彼は東京で仕事をするときは、帝国ホテルに泊まっていました。政府からあてがわれた官邸ももちろんありました。ただ東京にいると何かと忙しいし、じっくりと思索したり勉強をする時間がとれない。

　そこで週末になると、東京から一歩引いた大磯にひきこもり、政治構想を練ったり、本を読んだりしていたんですね。国際日本文化研究センター教授の瀧井一博《たきいかずひろ》さんは、伊藤を「知の政治家」と評していますが、そんな伊藤の特徴がよく表れている建物として、私は滄浪閣に強い関心をもっています。

門井　滄浪閣と聞くとすごく立派な屋敷をイメージしますが、実際には、そうでもないんですよね。

奈良岡　すごく簡素な建物でした。この建物だけ見ても、伊藤博文は清貧な政治家だったことがよく分かります。滄浪閣には洋館と和館がありましたが、いずれも関東大震災で壊れてしまったので、現在は再建されたものしかありません。残されている写真を見ると、和館はごく普通の和風建築だったようです。洋館も有名な建築家が造ったものではなく、「擬洋風」と呼ばれる、昔の小学校の校舎のような質素な建物だったように見えます。

滄浪閣で会談する大隈重信（左）と伊藤博文（明治30年頃）

　また伊藤は大磯に、一種の政治的サークルを作ります。伊藤が大磯に来ると、仲間の政治家や官僚が集まり、様々な議論をしていたのです。伊藤は西園寺《さいおんじ》公望《きんもち》*47を自分の政治的後継者と考えていました。そして滄浪閣の隣に、西園寺公望の家を建てさせるのです。その名前が秀逸で、「隣荘《となりそう》」と言います（笑）。

門井　伊藤博文が書いた「隣荘」という扁額が、まだ残っていますよね。

奈良岡　周辺には佐賀藩主の鍋島《なべしま》邸、陸奥宗光《むつむねみつ》邸、大隈重信邸や原敬邸もあります。あの一帯を訪れると、明治の政治の雰囲気が想像できて、とても楽しいです。大磯は一戸一戸の建物以上に、空間としての全体の広がりが興味深い場所です。

もう一つエピソードを付け加えると、伊藤博文は初代韓国統監を務めましたよね。一九一〇年の韓国併合の地ならしをした人ですから。ただその結果、彼は朝鮮に対して、何らかの痛みを感じていたようです。そのせいか伊藤は、明治四十（一九〇七）年に韓国の皇太子・李垠《イウン》*48を日本に留学させ、滄浪閣に住まわせて育てているのです。

門井　李垠が、まだ九歳か十歳くらいのことでしたよね。

奈良岡　伊藤の奥さんも滄浪閣に住んでいたのですが、伊藤が亡くなったあと、滄浪閣は李王家に譲られます。その後、滄浪閣は李王家がずっと使っていたのです。また李王家の本邸は、今でも東京の赤坂に残っています。

門井　今、「赤坂プリンス　クラシックハウス」というおしゃれな洋館になっていますよね。レストランのフレンチがおいしかった。

奈良岡　そのようなわけで、滄浪閣はしばらくの間、李王家の別荘でした。やがて戦後の皇籍離脱で、李王家は王公族ではなくなります。その後、堤康《つつみやす》次《じ》郎《ろう》*49が滄浪閣を買収し、戦後はプリンスホテル別館の中華料理店になりました。しかしその後、プリンスホテルの経営が行き詰まり、しばらく廃墟のようなかたちで放置されていたんです。

門井　滄浪閣は、関東大震災で一回壊れていますよね。

奈良岡　はい。ですから明治時代の建物が、そのまま残っているわけではありません。ただ震災後、古い建材をかなり再利用して再建されたようです。そのため明治の雰囲気を、今も濃厚に残しているのです。私は以前からこの貴重な歴史的、文化遺産を一般に公開すべきだと思っていたのですが、最近になってその取り組みが進みました。

二〇一八年が「明治一五〇周年」ということで、二〇一七年に内閣官房に「『明治一五〇年』関連施策推進室」が設置されました。関連施策の一つとして、滄浪閣周辺の一帯を「明治記念大磯邸園」として整備することになり、国の予算がついたのです。今後、整備が進むとともに、大磯は明治の政界の雰囲気を体感できる観光スポットとして、注目を集めることでしょう。

門井　これは行かなくちゃならない（笑）。大磯と政治の関わりというと、私はどうしても吉田茂[*50]のイメージが強いんですよね。それ以前の大磯のことはあまりよく知らないのですが、実際には様々なドラマがあったようですね。
元老が政治を動かしていた頃など、東京で政局が動くと、わざわざ新聞記者が大磯へ集まったそうですからね。そして「次の総理大臣は誰ですか？」などと聞くわけです。西園寺の「隣荘」にも新聞記者が来ていたんですか？

奈良岡　そうでしょうね。私は、これらの文化遺産が多くの人の目に触れることで、明治の政治家たちのイメージそのものが変わるのではないかと期待しているんです。

門井　伊藤博文の出身地である東《つか》荷《り》村《そん》（現・山口県光市東荷）には「伊藤公資料館」があります。そこで伊藤博文おじいちゃんが、海の波打ち際で李垠と一緒に遊んでいる映像を見たことがあります。
言うまでもなく「韓国併合」は日本の植民地支配の象徴であり、その意味では二人は「征服した者とされた者」であることは間違いないのですが、映像を見ると、どうもそんな感じはしません。単なるおじいちゃんと孫なのです。それがすごく印象的でした。三〇秒ほどの動画ですが、それを見るだけで、日韓関係に対する意識は少し変わる気がします。そしてあの映像は、まさに大磯での出来事なんですよね。

無鄰菴（旧山縣有朋別邸、明治29年完成）

和館を軽視して壊してしまった岩崎邸

奈良岡　二つめの建築として、私は京都の**無《む》鄰《りん》菴《あん》**＊51を挙げたいと思います。伊藤博文のライバルだった山《やま》縣《がた》有《あり》朋《とも》＊52が、明治二十九（一八九六）年に造った別荘ですね。こちらも建築そのものより、建物に付随するストーリーに注目しています。

　山縣という人は庭がとても好きで、庭造りに対する見識ももっていました。実際に作庭を担当したのは、小《お》川《がわ》治《じ》兵《へ》衛《え》＊53ですね。東山の借景を使った庭に定評のある庭師です。無鄰菴は山縣自身の考えもあり、景色が良く、オープンで明るい庭がある、江戸時代には考えられない新しいタイプの邸宅でした。

門井　政治家としての山縣には、ちょっと陰湿な印象もありますが……。

奈良岡　それなのに庭と建物を見ると、すごくオープンで明るい。そんな山縣の意外な一面を感じられるのもおもしろいところです。

　無鄰菴には和館と洋館があり、洋館は有名な無鄰菴会議が明治三十六（一九〇三）年に開かれた場所です。日露戦争前に、ロシアにどう対応していけばよいかという対露外交の基本方針を話し合った建物が、まだ残っているんですね。

門井　無鄰菴に桂太郎首相、小《こ》村《むら》壽《じゅ》太《た》郎《ろう》外相、伊藤博文、山縣有朋の四人が集まって話しあったという……。

奈良岡　山縣有朋の政治家としての個性がうかがわれるという意味でも、日本の重要な国策を決めた場所だという点でも、無鄰菴は興味深い場所です。無鄰菴は山縣家の子孫が戦前に京都市に寄贈し、現在は当時の状況を感じられる貴重な建物として、一般公開もされています。

　滄浪閣と無鄰菴、そして最後にもう一つ近代建築を選ぶとすると、先ほども少し話に出た三菱財閥岩崎家の**旧岩崎邸庭園**（東京都台東区）を挙げたいと思います。辰野金吾の恩師コンドルによる建築としては、現存する最古の建物です。後期コンドル建築が花開いてい

旧岩崎邸庭園（明治29年完成）

く、先駆けとなる建物ですね。岩崎家という強大なパトロンを得たことで、コンドルがやりたい放題に設計できたフシがうかがえます。

門井　岩崎邸は、やけに広いですよね。撞球（ビリヤード）場まであったりします。しかもビリヤード場だけで、独立した建物になっている（笑）。

奈良岡　部屋でなく、建物なんですよね（笑）。外観は洋風だけど内部には、けっこう木が使われていて、和の要素もかなり入っています。あれは岩崎久《ひさ》彌《や》＊54の趣味だと言われていますね。

　岩崎邸は和と洋の要素が、かなり洗練されたかたちで融合されていて、明治初期の野暮ったい建築とは異なる落ち着きがあります。成熟化の過程にある建物としても、印象深いですね。

岩崎庭園は占領期にＧＨＱが使用していて、戦後に司法研修所の建物としても使われていました。昭和三十年代に東京都に払い下げられたのですが、そのとき悲しいことに、和館をほとんど潰してしまっているんです。ＧＨＱですら残したものを、日本人が壊してしまったのです。

門井　なんてもったいないことを！

奈良岡　村《むら》松《まつ》貞《てい》次《じ》郎《ろう》という建築史家が書いていますが、当時は和館が価値あるものだとは誰も思っていなかったんですね。「どこにでもある建物じゃないか」という感じで……。

だから洋館の本館と撞球場だけ残し、和館はほとんど壊してしまった。和館もかなり水準の高い建築物で、非常に価値があったはずです。跡地は現在、オープンな庭園になっています。残念ながら今はそこに何があったのかを想像するしかない。それが逆に楽しい面もあるのですが……。

門井　いずれにしろ相当、手をかけた建物だったんでしょうね。

奈良岡　近代の和風建築を軽視して、私たちは重要な文化財を失ってしまいました。それはものすごく大きな損失です。そんな我々が失ってしまったものに思いを馳せる場としても、岩崎邸の庭園は趣深い場所です。

門井　昭和三十年代だと洋館より和館のほうが、朽ち具合は激しかったかもしれませんね。また和館だけ壊してしまった背景には、当時の男性優位社会の影響もあるのかもしれません。

和館と洋館が両方ある場合、たいていは洋館が客人を招くパブリックスペースとして使われ、和館は家人が暮らすプライベートスペースです。和館は当時の感覚では、「女子どもが住む場所」なんですね。そういった意味でも昭和三十年代には、「和館のほうが下」という価値観があったのかもしれません。

岩崎邸の和館が壊されたのは昭和三十年代ですから、東京オリンピックの前ですよね。オリンピックの前に、東京では多くの戦前の古い建築物が壊されています。「東京を整備しなければいけない」、もっと言えば「外国人にみっともない東京を見せられない」という発想があったのだと思います。

＊1　**辰野金吾**
一八五四〜一九一九。建築家。ジョサイア・コンドルに学び、イギリスに留学。東京帝国大学工科大学教授として建築教育にも取り組む。主な作品は日本銀行本店、両国国技館、東京中央停車場（現・東京駅）など。

＊2　**日本銀行本店**
地上三階、地下一階の西洋式レンガ造りの建物。中央のドームや付け柱などにネオバロック様式、左右対称、壁面の意匠などにルネッサンス様式が取り入れられている。国の重要文化財。

＊3　**高橋是清**
一八五四〜一九三六。政治家、財政家。山本権兵衛内閣の蔵相、原敬内閣の蔵相を務めた後首相に。その後、犬養毅、斎藤実、岡田啓介内閣の蔵相を務め、二・二六事件で暗殺される。

＊4　**工部省工学寮**
明治政府のもと殖産興業を推進した中央官庁、工部省に設けられた工業教育機関。後に工部大学校となり、東京大学工芸学部と合併して帝国大学工科大学となる。

＊5　**加藤高明**
一八六〇〜一九二六。政治家。三菱の社員から官僚を経て政治家に。大隈重信内閣の外相として中国に対華二一カ条要求を提出。護憲三派内閣を組織して、治安維持法、普通選挙法を成立させた。

＊6　**佐立七次郎**
一八五六〜一九二二。建築家。工部大学校を卒業し、日本郵船の名古屋支店、小樽支店などを設計。作家・金子光晴の義祖父。

＊7　**岡田時太郎**
一八五九〜一九二六。建築家。唐津藩の耐恒寮で学び、造幣局、工部省鉄道局に勤務。辰野金吾と再会し、建築の道へ。茨城県牛久市のシャトーカミヤ旧醸造場（現・牛久シャトー）、軽井沢の旧三笠ホテルなどの設計を担当。

＊8　林董

一八五〇〜一九一三。外交官、政治家。佐藤泰然の子で林洞海の養子となる。幕府の留学生としてイギリスに学び、函館戦争に榎本武揚軍として参加。維新後は香川県知事などを経て外務次官に。駐英公使として日英同盟締結を成功させる。

＊9　ジョサイア・コンドル

一八五二〜一九二〇。ロンドン生まれの建築家。日本政府から招かれ、工部大学校造家学科教授として、多くの日本人建築科を育てる。旧東京帝室博物館、鹿鳴館などを設計し、日本近代建築の父と呼ばれる。

＊10　鹿鳴館

井上馨の提案により、一八八三年にコンドルの設計で造られた洋館。欧米諸国との条約改正を目指す欧化政策の一環として、政府高官らが夫人や令嬢を伴い、華やかな宴会や舞踏会を繰り広げた。

＊11　伊藤博文

一八四一〜一九〇九。山口県出身の政治家。明治憲法を立案し、明治十八（一八八五）年に内閣制度を創設。初代総理大臣を務める。後に立憲政友会を結成し、総裁に就任。日露戦争後、初代韓国統監を務め、韓国併合を進める。韓国の独立運動家・安重根に暗殺される。

＊12　ローレンツ・フォン・シュタイン

一八一五〜一八九〇。ドイツの法学者、思想家。フランスの初期の社会主義、共産主義などを学術的にドイツに初めて紹介した。

＊13　旧岩崎邸庭園

旧岩崎邸は、一八九六年に岩崎家の第三代当主、久彌の本邸として建てられたもの。洋館、和館、撞球室の三棟が現存しており、洋館と撞球室をコンドルが設計した。現在、それらの建物は広大な庭園とともに公開されている。

＊14　内村鑑三

一八六一〜一九三〇。キリスト教思想家。札幌農学校で学び、「万朝報」の記者となる。無教会主義の創始者であり、足尾銅山鉱毒反対運動にかかわる。日露戦争においては幸徳秋水らと非戦論を唱えた。著書に『余は如何にして基督信徒となりし乎』『代表的日本人』など。

＊15　クラーク博士（ウィリアム・スミス・クラーク）

一八二六〜一八八六。アメリカの教育者。明治九（一八七六）年に開校した札幌農学校（現・北海道大学）の初代教頭を務める。学校では植物学や自然科学一般、英語を教える。キリスト教についても講じ、多くの学生に精神的な影響を与えた。

＊16　リチャード・ヘンリー・ブラントン

一八四一〜一九〇一。スコットランド出身の鉄道技師。日本各地の灯台建設を指揮するだけでなく、横浜居留地の街路整備、電信の架設、港湾設計などインフラ整備に幅広くかかわった。

＊17　徳富蘇峰

一八六三〜一九五七。ジャーナリスト、評論家。同志社を中退後、自由民権運動に参加。民友社を設立し、月刊誌「国民之友」や「国民新聞」を発行。当初は平民主義を主張していたが、日清戦争後、国家主義に転じる。

＊18　リロイ・ランシング・ジェーンズ

一八三八〜一九〇九。アメリカの軍人。退役後、日本で熊本洋学校を設立。日本にプロテスタントを広めるグループ「熊本バンド」の礎を築く。

＊19　アーネスト・フェノロサ

一八五三〜一九〇八。アメリカの哲学者、美術研究家。明治十一（一八七八）年に来日し、東京大学で哲学を教える。同時に日本美術を研究し、岡倉天心とともに東京美術学校を創設。帰国後はボストン美術館東洋部長を務める。

＊20 明治十四年の政変

明治十四（一八八一）年十月、開拓使官有物払下げ中止、一〇年後の国会開設の公約とともに、参議大隈重信とその一派が政権から追放された事件。それにより、薩長藩閥政府の専制的な体制が強化された。

＊21 カール・ラートゲン

一八五六〜一九二一。ドイツの法律学者、政治学者。明治十五（一八八二）年に来日し、東京帝国大学で政治学や行政学を教えた。主著は『日本の国民経済と国家財政』。

＊22 小野塚喜平次

一八七一〜一九四四。政治学者。ヨーロッパに留学し、帰国後、東京帝国大学で日本初の政治学講座専任教授となる。日露戦争では対露強硬論を唱えた。後に東京帝国大学総長を務める。

＊23 大隈重信

一八三八〜一九二二。佐賀県出身の政治家。明治十四年の政変で下野するが、翌年に立憲改進党を結成。伊藤博文・黒田清隆内閣の外相として、条約改正に尽力する。大正三（一九一四）年に首相となり、第一世界大戦への参戦を決める。

＊24 岡倉天心

一八六三〜一九一三。美術評論家・思想家。フェノロサに師事し、東京美術学校の創設に尽力。後に校長を務め、日本美術院も創設。英文著書により、日本文化を世界に紹介した。著書に『東洋の理想』『茶の本』。

＊25 妻木頼黄

一八五九〜一九一六。建築家。内務省の技師として、中央官庁街の建設計画に参加。ドイツ留学を経て、大蔵省営繕課長を務める。帝国議事堂（現・国会議事堂）の建設をめぐり、辰野金吾と激しく対立した。

＊26　奈良ホテル
一九〇九（明治四十二）年に「西の迎賓館」として奈良公園内に開業したホテル。設計は辰野金吾と片岡安が担当。創業以来の本館は、壁面を白い漆喰仕上げにした木造二階建ての瓦葺き建築。

＊27　片岡直温
一八五九～一九三四。実業家、政治家。日本生命保険の創立にかかわり、社長に就任。加藤高明内閣の商工相、若槻礼次郎内閣の商工相、蔵相を務める。蔵相時代の議会での失言により、金融恐慌のきっかけをつくる。

＊28　片岡安
一八七六～一九四六。建築家。片岡直温の養子。明治三十八（一九〇五）年に辰野金吾とともに大阪に建築事務所を開業。大阪市中央公会堂、旧大阪毎日新聞本社などを手がける。

＊29　葛西萬司
一八六三～一九四二。建築家。盛岡市出身。東京大学卒業後、日本銀行の技師に。その後、辰野金吾と東京に設計事務所を設立。旧盛岡銀行本店本館、旧国技館（後の日本大学講堂）などを手がける。

＊30　ウィリアム・バージェス
一八二七～一八八一。イギリスの建築家。長年にわたって技能者チームとともに教会、大聖堂、学校、城などを建設。金属加工品や彫刻、宝石などのデザインも行う。早くから日本文化にも関心を示していた。

＊31　片岡直輝
一八五六～一九二七。実業家。海軍や官僚を経て日本銀行に入行。大阪瓦斯創立にかかわり、明治三十四（一九〇一）年に社長に就任。阪神電鉄、南海電鉄の社長なども務め、大阪の財界の世話役として活躍。

＊32　**大阪瓦斯ビルヂング**
安井武雄の設計により、昭和八（一九三三）年に竣工したアール・デコ様式の地上八階、地下二階のビル。当時はモダンな建物として話題を呼び、昭和二十（一九四五）年の大阪大空襲で周囲が焼け野原になりながらもこの建物は残った。

＊33　**板垣退助**
一八三七～一九一九。土佐出身の政治家。戊辰戦争で総督府参謀を務め、明治新政府の参議に就任。しかし征韓論をめぐって大久保利通らと対立して辞職。土佐で立志社を設立し、自由民権運動を牽引。自由党を結成し、大隈重信内閣の内相も務めた。

＊34　**片岡健吉**
一八四三～一九〇三。土佐出身の政治家。欧米視察から帰国した後、自由民権運動に参加。民選議員設立建白書や国会開設請願書提出の中心的役割を果たす。

＊35　**岩崎弥太郎**
一八三五～一八八五。実業家。三菱財閥の創始者。土佐藩営の商社で手腕を発揮し、明治六（一八七三）年に三菱商会を設立。明治政府の保護のもと独占的に海運事業を発展させる。さらに鉱山、造船、海上保険へと事業を広げ、一大財閥をつくりあげる。

＊36　**立憲改進党**
明治十四年の政変で下野した大隈重信が中心となって結成された結党。犬養毅、尾崎行雄らが参加し、イギリス流の議会政治と漸進主義を主張。都市知識人やブルジョワ層から支持され、自由党とともに自由民権運動を推進した。

＊37　**大久保利通**
一八三〇～一八七八。政治家。薩摩藩士として薩長連合や王政復古において指導的役割を果たす。明治政府樹立後は木戸孝允らと廃藩置県、版籍奉還を断行。佐賀の乱、西南戦争などを鎮圧し、新政府の指導的役割を果たすが、不平士族により暗殺される。

＊38　仙石貢

一八五七〜一九三一。官僚、政治家。官僚として鉄道の発展に尽力した後、鉄道会社の社長などを務める。大隈重信内閣の鉄道院総裁、加藤高明・若槻礼次郎内閣の鉄道相を務めた後、南満州鉄道の総裁として大陸経営に取り組んだ。

＊39　濱口雄幸

一八七〇〜一九三一。大蔵省勤務を経て政界へ。加藤高明内閣の蔵相、若槻礼次郎内閣の財相、内相を歴任。その後、立憲民政党の総裁となり、昭和四（一九二九）年に首相に就任。緊縮財政、金解禁を断行した。

＊40　川田小一郎

一八三六〜一八九六。実業家。岩崎弥太郎が設立した九十九商会（のちの三菱商会）で働き、三菱財閥の鉱山事業で手腕を発揮。その後、日本銀行総裁として強力なリーダーシップを発揮し、貴族院議員も務める。

＊41　後藤象二郎

一八三八〜一八九七。政治家。土佐藩士として大政奉還で大きな役割を果たす。維新後は新政府に参加するも、征韓論で敗れて下野。自由民権運動に参加し、板垣退助らと自由党を結成。後に大同団結運動を巻き起こす。

＊42　竹内綱

一八四〇〜一九二二。政治家、実業家。大蔵省で働いた後、後藤象二郎とともに炭鉱を経営。西南戦争に呼応しようとしたため投獄され、出獄後は板垣退助と自由党創設に奔走する。その後、朝鮮半島での鉄道事業など、実業界で活躍する。

＊43　小笠原長行

一八二二〜一八九一。幕末の老中。肥前唐津藩主小笠原長国の養子。江戸末期の老中格として生麦事件の処理、長州征伐などに携わる。戊辰戦争では会津や函館で官軍と徹底抗戦した。

＊44　片山東熊

一八五四〜一九一七。建築家。萩に生まれ、奇兵隊として戊辰戦争に従軍後、工学寮で造家学を学ぶ。山縣有朋の口利きで宮内省へ入り、数々の宮廷建築を手がける。主な作品に奈良国立博物館本館、京都国立博物館、赤坂離宮（現・迎賓館）、東京国立博物館表慶館など。

＊45　フランク・ロイド・ライト

一八六七〜一九五九。アメリカの建築家。シカゴを中心に活動し、建築材料と環境を重視したスタイルの建築が高い評価を得る。主な作品として、ニューヨークのグッゲンハイム美術館、日本では自由学園明日館や帝国ホテルなどがある。

＊46　滄浪閣

伊藤博文が明治二十九（一八九六）年に大磯に建てた邸宅。五五〇〇坪の敷地に、和館と洋館が造られた。伊藤と夫人の死後は朝鮮李王家の別邸となり、関東大震災で建物が倒壊。再建された後、米軍に接収され、その後は大磯プリンスホテルの別館としても活用されてきた。現在は周辺の明治の政治家の別荘とともに公園としての整備が進んでいる。

＊47　西園寺公望

一八四九〜一九四〇。政治家。フランスに一〇年間留学した後、日本で明治法律学校（のちの明治大学）を創設。文部大臣、外務大臣、大蔵大臣などを歴任し、日露戦争後は桂太郎と交互に総理大臣を務める。パリ講和会議の首席全権を務め、最後の元老として政界に影響を及ぼした。

＊48　李垠

一八九七〜一九七〇。韓国皇帝高宗の第七王子。少年時代に留学名目で日本に移され、明治四十三（一九一〇）年の韓国併合で、日本の皇族に準じる待遇を受ける王公族となる。

＊49　堤康次郎
一八八九～一九六四。実業家、政治家。軽井沢や箱根を開発し、西武鉄道、西武百貨店、国土計画などの西武グループを築き上げる。事業を続けながら衆議院議員としても活躍し、衆議院議長も務めた。

＊50　吉田茂
一八七八～一九六七。外交官・政治家。戦前は駐英大使などを務め、第二次大戦後は外相を務める。一九四六年に自由党総裁となり、その後、五次にわたって内閣を組織する。サンフランシスコ講和条約、日米安保条約に調印し、戦後の日本の復興の方向性を決めた。

＊51　無鄰菴
京都市左京区、南禅寺の西側に造られた山縣有朋の別邸。数寄屋造りの母屋、茶室、レンガ造りの洋館と広大な日本庭園からなる。七代目小川治兵衛による庭園は国の名勝に指定されている。

＊52　山縣有朋
一八三八～一九二二。山口出身の政治家。松下村塾で学び、維新後はヨーロッパの軍政を視察。徴兵制や軍制を整備した。その後、法相、内相、首相、枢密院議長を務め、元老として政界に絶大な影響力を発揮した。

＊53　小川治兵衛
一八六〇～一九三三。造園家。明治から昭和にかけて斬新な日本庭園を数多く手がけた。主な作品に無鄰菴、平安神宮、旧古河邸の庭園などがある。

＊54　岩崎久彌
一八六五～一九五五。実業家。岩崎弥太郎の長男で三菱財閥の三代目。鉱業と造船を中心に事業を発展させ、三菱財閥の基礎を築く。後に農牧事業に取り組み、日本の東洋学研究に大きく貢献した東洋文庫を創設する。

第2章

明治の政治家が発見した「湘南」リゾート

～大磯の別荘群～

医療のための海水浴場として開発された大磯

門井　ここまでの話の中で、奈良岡さんは日本の近代を代表する建築として大磯の旧伊藤《いとう》博文《ひろぶみ》邸「滄浪閣《そうろうかく》」を挙げられました。ここからは大磯という街自体が近代政治に及ぼした影響、そこで果たした役割について、さらに掘り下げて語り合いたいと思います。

　私は大磯という地名を資料のうえでは、それこそ何百回と目にしてきました。大磯は、私の母校である同志社大学の創立者・新島襄《にいじまじょう》[*55]が亡くなった地でもあります。でも実はこれまで、大磯を訪れたことは一度もなかったんです。

　今回、奈良岡さんと初めて大磯を訪れ、伊藤博文邸だけでなく吉田茂邸、陸奥宗光《むつむねみつ》邸、大隈重信《おおくましげのぶ》邸、三菱財閥の岩崎邸などの建物を拝見しました。どこでも共通して感じたのが、「一番のもてなしは眺めである」ということです。どの建物からも、湘南の海と富士山の素晴らしい眺めが楽しめる。海と富士山の景観は大磯という町の誇りであり、明治二十年以降の政治家らを引き寄せた最大の要素なのだろうと思います。

奈良岡　私もまったく同感です。吉田邸、伊藤邸、陸奥邸、大隈邸、岩崎邸と南から順番に見ましたが、それによって大磯の眺望の共通性、特徴がよく分かりました。
門井さんがおっしゃるように、「富士山と湘南の海」がずっと連続して存在することを体感できました。海岸線があり、その向こうには綺麗な海の景色があり、手前には砂浜や砂丘、小山がある。そして一番向こうに富士山がある。海から山に連なる雄大な風景が広がっているんですね。

門井　岩崎邸以外は、どこにもそれがありました。

奈良岡　大磯発展の最初のきっかけを作ったのは、政治家でなく医師です。松本順《まつもとじゅん》*56という、幕末の戊辰《ぼしん》戦争でも活躍した医師がいます。彼が明治になって初代陸軍軍医総監を務めていた時、西洋の医療を取り入れるなかで海水浴に着目したのです。そして松本の提唱により、明治十八（一八八五）年に日本初の海水浴場が大磯に開設されました。これが大磯開発のきっかけになりました。

門井　当時の海水浴は娯楽ではなく、医療行為だったわけですね。

奈良岡　海に浸《つ》かることによって、皮膚を強くするわけです。また海のなかで適度な運動をすることによって、体を鍛えます。体の調子が悪い人が長期間滞在し、海水浴を繰り返すことによって、体調を整える意味合いが強かったんですね。

やがて貸別荘や旅館で長期滞在していた人から、大磯の気候と眺望が素晴らしいという噂がジワジワ広がっていきます。そして財力のある人たちが、大磯に別荘を買うようになるのです。

その初期の一人が、陸軍で松本順の上司だった山《やま》縣《がた》有《あり》朋《とも》ですね。山縣が大物政治家として、明治二十（一八八七）年に大磯に初めて別荘を買いました。その後、伊藤博文や陸奥宗光[*57]らが続きます。

門井　伊藤博文をはじめ、なんと八人もの歴代内閣総理大臣の別荘が大磯にあったんですよね。大磯初の海水浴場が開かれた二年後の明治二十（一八八七）年に、東海道線の大磯駅が完成しています。交通の便が非常に良くなったため、東京の政治家が、ますます大磯に向かうようになるのです。

奈良岡　松本順が大磯に海水浴場を開設する前の年、明治十七（一八八四）年に大磯に別荘を建てた人物がいます。ジャーディン・マセソン商会（イギリスの商社）日本代理店の責任者だった実業家、吉田健《けん》三《ぞう》[*58]です。吉田健三は吉田茂の養父で、戦後に吉田茂が住んでいた吉田邸は、もともと健三が購入した家だったんです。

門井　あの家は、そんなに早い時期に建てられたものだったんですね。

奈良岡　吉田健三は横浜で商売をしていて、この地域の景色や海について熟知していたのでしょう。彼のように地理を熟知している富裕者が、大磯に最初に別荘を建設しました。海水浴場の発展、それと結びついた鉄道の整備、そして、もともとこの地を知っている人たちによる別荘の建設……それらの相乗効果によって、大磯はどんどん発展していったのです。

門井　大磯は日本で初めて転地療養の目的地となった場所なんですね。そもそも転地、一時的にだけ住まいを変えるという発想は、完全な「輸入品」です。江戸時代から日本にあったものではないと思います。

奈良岡　当時は、西洋風のハイカラな行為だったのかもしれませんね。

門井　それは、鉄道や気象学の発展と関係している部分もあると思います。夏涼しくて冬暖かい土地であることが、具体的に数字で示されるようになると、そのような気候が人間の体にとって良いことも科学的に分かります。そこから転地という発想も理解できるようになった。大磯が人を呼び寄せるようになった背景には、そのようなこともあったのだと思います。

奈良岡　それについても松本順が関わっています。松本順の実の弟で、幕府御殿医・林洞《はやしどう》海《かい》[*59]の養子となった林董《ただす》という人物がいます。日英同盟（一九〇二年）を結んだときの駐英公使です。

　彼は幕府の岩倉具視《ともみ》遣欧使節団の一員として欧米に行き、英語を身につけます。そのとき、イギリスの南海岸にある保養地ブライトンを視察しているんですね。ブライトンは避寒の地で、海水浴、転地療養が行われていました。林は、そのことを兄の松本順に報告しています。それも大磯での転地療養が流行《はや》る一つのきっかけになったのだと思います。

門井　松本順・林董兄弟は佐倉藩の蘭学の家系ですよね。そういえば高橋是清《たかはしこれきよ》の友人でもある。辰野金吾《たつのきんご》ら唐津出身の若者を近代建築の世界へ送り込んだ立役者のひとり。松本・林のお父さんは佐藤泰然《さとうたいぜん》[*60]という有名な蘭方医です。蘭学という学問は明治維新で滅びたことになっていますが、蘭学者は、しっかりと時代をリードしたんです。

避暑と避寒の両面で注目された大磯

門井　日本の伝統的な建築は、平安時代の寝殿造の昔から、夏の暑さをどうやり過ごすかが主要なテーマです。冬の寒さは火鉢という暖房があるからなんとかなりますが、夏の暑さはどうしようもない。渡殿《わたどの》（渡り廊下）の下に池の水を引っ張って川を流すか、打ち水をするくらいしか対処法がなかった。日本の住宅は近代まで、ずっとそのまま来てしまったのです。

　暖房は何かを燃やせばいいわけですから、比較的発達が早かったのだと思います。でも冷房装置を作るのは難しい。大正時代になっても、なかなか発達しませんでした。ですから日本では夏の暑さをしのぐ避暑が、大きな問題だったのです。

奈良岡　イギリスのブライトンの場合は避暑ではなく、海岸沿いの暖かい地で避寒をしていたわけですが……。

門井　日本の場合は逆で、避暑のほうに重きが置かれていた。ですから大磯が最初の海水浴場に選ばれたのは、避暑のためではないかと思います。

奈良岡　門井さんがおっしゃる通り、大磯を海水浴場にしたのは明らかに避暑的な意味合いが強かったのだと思いますが、私は避寒の意味もあったと思います。冬場の別荘として、湘南の温暖な気候を好んでやってくるといった面もあったはずです。

門井　なるほど。避暑と避寒、どちらにも対応できたわけですね。たしかに大磯という町自体は、江戸時代から東海道の宿場町でしたから、「大磯に行けば暖かい」ということを経験的に知っている人はけっこういたと思います。そこに「転地」するという新しい発見をしたことが、近代の日本人のお手柄なんですね。

　時代は後になりますが、宮澤賢治の妹のトシは、花巻の学校を卒業した後、東京の日本女子大学に進学します。そして花巻に帰るとき、医者から「あんたのところはお金があるのだから小田原に行きなさい」と言われます。まさに転地療養をすすめられたわけです。ただ女の子ですから、父親は身近に置いておきたかったのでしょう。だからトシは花巻に連れ戻され、結局、結核が悪化して二十五歳で亡くなってしまうのです。

奈良岡　そんなエピソードがあるんですね。いずれにしろ江戸時代の大磯は東海道の宿場町で、主要交通路の重要な町だったわけですよね。

門井　幕末に近い天保《てんぽう》期（一八三〇～一八四四年）には、大磯には大名級が泊まる本陣が三つあったといいます。しかもそれが常に稼働していたわけですから、当時の興隆ぶりがうかがえます。だから大磯は、もともと知名度はあったはずです。

西洋人が発見した軽井沢と大磯の違い

奈良岡　そんな大磯も、明治になって参勤交代がなくなると、一気に衰退していきます。ところがやがて海水浴客や転地療養者が、どんどん訪れるようになる。それによって衰退を逃れ、リゾートや別荘地として盛り返していくんですね。

　同じようなケースとして、軽井沢が挙げられます。軽井沢も江戸時代は中《なか》山《せん》道《どう》の主要な宿場町として栄えましたが、明治になって衰退します。そんな軽井沢の魅力を再発見したのが、カナダ人の宣教師アレキサンダー・C・ショー[*61]です。彼は明治二十一（一八八八）年に、軽井沢に洋風別荘の第一号を建てます。その後、軽井沢は大正になって、本格的に発展します。

門井　まずは避暑地として、注目されたのですね。

奈良岡　西洋人にとって、日本の夏の蒸し暑さは耐えがたいものだったのでしょう。そこで日光や箱根など、涼しい場所が避暑地として開発されていったのです。その一つが軽井沢ですね。避暑地を求める外国人の需要と、宿場町が衰退して新しい産業がほしかった地元の要望とが合致した。

門井　そういう点では、大磯と発展形態が似ていますね。

奈良岡　ただし軽井沢は東京から遠いので、大磯より開発は遅れました。東海道線が先にできたので、明治時代に大磯のほうが先に発展したんですね。やがて交通と産業が発達し、大正時代になると軽井沢のほうが、むしろ発展していきます。

　大磯は、もともと避暑地と避寒地の両方の側面を兼ね備えていましたが、次第に避寒地としての性格を強めていきます。なぜなら避暑地としては、軽井沢のほうが圧倒的に涼しく、過ごしやすかったからです。

門井　明治二十年代の同じ時期に、日本人が大磯を見つけ、外国人が軽井沢を見つけた。それが日本の二大別荘地になったわけですね。

　奈良岡さんのお話をうかがいながら、二つの間にある大きな差は何なのかと考えていたのですが、それは富士山かもしれません。日本人は軽井沢のほうが体感的に涼しいことは知っていたでしょうが、富士山は見えない（笑）。それで大磯のほうにより魅力を感じたのではないでしょうか。

　江戸では数メートルほどの小山（丘）を造って、「ここから富士山が見える」などと、よく言っていたほどですからね。江戸時代から富士講[*62]を作って富士山に登るなど、根強い富士山信仰がありました。

奈良岡　富士山があるから、日本人は大磯を選んだ、と。

門井　そんな気がします。これは民俗学や考古学のテーマにもなりますが、外国人は富士山に対して「きれい」「絵ハガキのようだ」とは思っても、信仰の対象にまではなりません。だから実利的に涼しいほう、軽井沢に行ったということなのかもしれません。

奈良岡　それはおもしろい考えですね。

門井　実際、軽井沢は最初のうちは、外国人ばかりでしたよね。

奈良岡　最初は外国人ばかりだったけど、それに付随して尾崎《おざき》行雄《ゆきお》[*63]などヨーロッパ人と人脈のある日本人が、だんだん行くようになります。

門井　伊藤博文は、軽井沢に別荘はもっていなかったのでしょうか。

奈良岡　伊藤はもっていませんね。

門井　政治家で軽井沢に行ったのは、そのあとの世代ですか？

奈良岡　軽井沢に日本人が本格的に入っていくのは、明治四十年代くらいからです。その後、別荘地として開発され、大正に入ってから本格的に発展します。

　一方、大磯には伊藤博文、山縣有朋、大隈重信、西園寺公望《さいおんじきんもち》、寺内正毅《てらうちまさたけ》、原敬《はらたかし》、加藤高明、吉田茂の八人の総理大臣が別荘を建てています。

　そのうち大隈重信と加藤高明は大磯だけでなく、軽井沢にも別荘をもっていました。大隈の場合、経緯はよくわかりませんが、最終的には大磯から撤退します。そして国府津《こうづ》町（現・小田原市）に避寒のための別荘を造り、軽井沢に避暑のための別荘をもちました。彼のようにスーパーリッチな人は、避寒と避暑とで、それぞれに別荘をもてたようですね（笑）。

門井　さすがですね。ロマノフ王家の冬宮と夏宮みたいです。

奈良岡　それを、もっと小さなスケールで実践しているわけですね。加藤高明の場合は、大磯が避寒のための別荘、軽井沢が避暑のための別荘でした。

　さらに、そこに政治的な動きもからみます。大隈重信に連なる立憲改進党系の政治家の多くは、軽井沢に別荘をもつ傾向がありました。尾崎行雄や島田三郎[*64]など、クリスチャンやヨーロッパと近い政治家も軽井沢を好みました。

門井　現在の軽井沢には、ハイソでおしゃれなイメージがありますよね。それを決定づけたのは、やはり最初に外国人が入ったことですね。

日本人を中心に開発が進んだ大磯には、そのようなキリスト教の匂いはやや乏しい。聖ステパノ学園があるにはありますが、大磯に関係があるキリスト教関係者は、せいぜい新島襄くらいでしょうか。この差は軽井沢と大磯のイメージの違いに、大きく影響していると思います。

もっと後の時代の政治家になると、近衛《このえ》文麿《ふみまろ》[*65]が軽井沢の顔役でした。彼は、大磯には別荘はもっていたのでしょうか。

奈良岡　近衛はもっていないと思います。近衛は明治二十四（一八九一）年生まれで、大正後期から社会的に活躍します。その時点では、昔から大磯に別荘をもっている政治家はいましたが、もはや若い政治家が新しく別荘を取得する場所ではなかったのではないかと思います。

門井　西園寺公望の別荘も、大隈と同じ国府津でしたか？

奈良岡　興津《おきつ》にある坐漁荘《ざぎょそう》[*66]ですね。彼は伊藤博文が亡くなる前後に大磯を去り、静岡の興津に別荘を構えます。興津は湘南の周辺部に位置しますので、広い意味では湘南にとどまったとも言えるのですが……。

門井　興津は相模湾ではなく駿河湾の沿岸ですが、そっちまで湘南文化圏というか、別荘文化圏が広がっていった。そのぶん大磯自体の存在感は、薄くなったとも言えるわけです。

湘南の海を眺めながら天下国家を考えた伊藤博文

奈良岡　「湘南とは何か」。実は明確な定義はなく、「大磯は湘南ではない」と言う人もいます。広い範囲でいえば、三浦から湯河原までの相模湾沿岸を湘南ととらえることができます。湘南の別荘は明治二十～三十年代は大磯に集中していましたが、その後だんだん拡散する傾向があったんですね。

門井　もともと湘南の中心は、大磯だったわけですよね。

奈良岡　そうですね。「別荘地としての湘南」という観点から言うと、中心は大磯でした。ただ交通の面でいえば、大磯より手前にある鎌倉のほうが便利ですよね。都市としても大きいですしね。鎌倉に比べると、大磯はちょっと鄙《ひな》びた田舎の趣があります。

門井　東京の人からすると、鎌倉の向こうはやはり遠いですよね。いったいどこまでが地方なのか。横浜までか、鎌倉までか、茅ヶ崎、小田原までなのか。

奈良岡　その点に関しては、興味深いのが伊藤博文の動向です。伊藤博文は明治憲法を制定するときに神奈川県夏島の別荘で、有名な「夏島草案」を作りました。

門井　夏島は横浜と横須賀の境目あたりにあった小さな島ですね。大正に入って埋め立て工事がなされ、今では陸続きになっていますが。

奈良岡　伊藤は憲法草案に関する情報がマスコミに漏れるのを恐れて、島の旅館にこもって憲法草案を作ったんです。

　伊藤は夏島で過ごしているうちに、海の風景がすっかり気に入ったのでしょう。また明治維新以来ずっと政府のトップで一〇年ほど頑張ってきたので、ちょっと疲れて休みたい気分にもなったのだと思います。

門井　そこで明治二十三（一八九〇）年に、小田原に初代の滄浪閣を建てて引きこもるわけですね。

奈良岡　そのときはもう東海道線が開通していたので、東京から小田原近くまで汽車で行けるようになっていました。別荘を建てるには、いい場所だと考えたのでしょう。でも実際に小田原に別荘を建てて住んでみると、やはり東京からは遠くて不便なことに気づくんです。当時の東海道線は国府津から御殿場経由で沼津に抜けるというルートだったので、国府津から小田原までは馬車鉄道に乗らなければならず、これが存外大変だったのかもしれません（笑）。

門井　一人になってじっくり思索したいのはやまやまだけど、東京から遠すぎるのも困ると……。

奈良岡　同時に運が悪いことに、高潮によって、初代滄浪閣が大破してしまいます。その結果、小田原に住めなくなったとき、小田原と東京の途中にある大磯の存在に気づくわけです。

当時、大磯にはすでに山縣有朋や松本順が別荘を造り、賑わっていました。伊藤もしばしば大磯に寄るようになっていました。そうこうしているうちに、陸奥宗光が大磯に別荘を買います。陸奥も大磯は非常に過ごしやすく、東京から近くて便利だと気に入ります。

門井　そこで陸奥宗光の紹介で、伊藤博文も大磯に別荘を建てることになるのですね。

奈良岡　きっと伊藤のなかでは、憲法制定の思い出と海の風景が強く結びついたのでしょう。伊藤は憲法を作るために夏島にこもり、海を見ながら天下国家のことを考えていました。その後も海を眺めながら、英気を養い、政治構想を練っていたのでしょう。

でも夏島は当時、島だったので不便だし、だんだん都市化が進み、あまり東京から離れた気がしなくなる。そこでいったん小田原に行ったけど、小田原はやはり遠くて不便だった。そこで最終的に、大磯に居を定めたわけですね。

門井　東京からの距離感を定めるまでに、行ったり来たりしているわけですね。

奈良岡　そうなんです。実は伊藤は晩年に、湘南周辺にもう一つ別荘を買っています。横浜の郊外で今、野島公園（横浜市金沢区野島町）として整備されている場所です。ここからは夏島を見渡すことができます。やはり憲法草案を作った夏島への思い入れが強かったのでしょう。

　この別荘を買った理由としては、プライベートな事情もあります。大磯の本宅には正妻が住んでいましたが、野島公園の別宅には正妻以外の女性との間に生まれた子どもを住まわせていたんです。

　いずれにしろ伊藤博文は湘南の海に強い思い入れをもち、湘南の地と関係したさまざまエピソードをもった政治家です。

門井　島に引きこもって憲法草案を作ったという話はすごくおもしろいし、示唆的なものがあります。このエピソードは、憲法史の復習にもなりますね。

　そもそも伊藤博文は、なぜそんなに人里離れた場所で秘密裏に憲法草案を作らなくてはならなかったのか。それは当時、野党や自由民権運動の連中が、思い思いに自分たちの私擬憲法（憲法私案）を作っていたからです。

明治十四年に「これから一〇年後に憲法を作り、国会を開設する」と決まった時点で、みんなやる気になったわけです（笑）。植木枝盛《うえきえもり》*67などは一人で二つも作っています。そのため憲法をめぐる世論が紛糾し、収拾がつかなくなりかけていたのです。そこで伊藤博文は、自分たちが作っている憲法案の情報が、外部に漏れることを恐れたのです。

奈良岡　そうですね。

門井　うっかり洩れると、「パクリだ」とか言われかねない（笑）。また東京は、伊藤ら大物政治家にとってやたらと忙しく、落ち着けない場所だった。家には、ひっきりなしにお客さんがやって来る。そして誰かを紹介してくれ、仕事をくれなどと請われ、日曜日も雑務に追われてしまう。有能な政治家であればあるほど、耐えがたい状況だったと思います。

政治について、日本の未来について、ゆっくり考える時間を作ろうと思えば、自分が東京を離れるしかなかったわけです。そういう意味で、大磯の別荘の機能は重要なものがあった。またそのメリットに、多くの明治の政治家が気づき始めたのだと思います。

旧陸奥宗光邸（明治27年完成、大正14年、古河家が再建）

質素で日常を求めた明治の政治家の別荘

門井　それにしても大磯にある**陸奥宗光邸**、**大隈重信邸**を実際に見て感じるのは、我々が現在「別荘」と聞いてイメージするゴージャス感、金持ち感からは程遠いことです。現在の邸宅は、いずれも明治時代後期に古河財閥の古河家の手に渡り、改修されたものです。ということは、もとの姿よりかなり綺麗になっているはずですが、それでもかなり質素です。普段暮らすための便利さと快適さを追求している感じがしました。

　現代人が別荘に出かけるときは、「非日常」を重視しますよね。でも明治の政治家にとって

旧大隈重信邸（明治30年完成）

は、むしろ逆だったわけです。彼らは日常を取り戻すために別荘に来ていた。それこそが、彼らの最大の望みだったのではないでしょうか。

奈良岡　伊藤博文の滄浪閣は、和館と洋館の両方がありますが、陸奥宗光邸と大隈重信邸は両方とも和館だけですね。やはり和の空間が一番落ち着きますし、まさに別荘に日常を求めていたのだと思います。あわただしい東京では十分に確保できない日常を、別荘で取り戻していたのだと思います。

門井　陸奥宗光邸は庭に面してずっと廊下がめぐらしてあり、どこに座っても海が見えます。縁側に座って庭を眺める楽しみは、それ自体は日常のものですよね。書斎を見てもごく普通で、我々が考える大政治家の書斎といった重々しい雰囲気はない。このようなことは現地を見なければ、決して分からないことです。

奈良岡　あそこで一番、ゴージャスで非日常的なのは景色ですよね。実際にあのプライベートビーチで、彼らがどれくらい泳いだのかは分かりませんが……。伊藤博文が砂浜を散歩している写真は、残っていましたね。

門井　伊藤博文は周《す》防《おう》国の束《つか》荷《り》村《そん》の生まれですよね。私はその生家を見たことがあるのですが、非常に粗末な農家の家です。

屋根は藁《わら》葺《ぶ》きで、玄関から入ってすぐのところに、へっつい（台所）があり、畳の部屋は一つか二つしかありません。畳の部屋より土間のほうが大きかったと思います。そんなところで生まれ、育った人間が、大磯に滄浪閣のような別荘を造ったわけですから、とんでもない大成功を収めたわけです。

大磯の政治家の別荘は質素なものだと言いましたが、景色以外にもう一つゴージャスなものがあります。それは使われている材料です。言われなければ分かりませんが、すごい木材が使われていますよね。

奈良岡　一枚板をふんだんに使っていますね。

門井　屋久杉の一枚板などが、さりげなく使われています。大隈重信邸の神《じん》代《だい》の間には、化石化した杉（神代杉）を使っています。床の間には欅《けやき》の一枚板、竹の床柱が使われています。そういったところには、しっかりお金をかけているんですね。

奈良岡　ただこのような木を使うことが彼らの時代に、どれだけ贅沢なことだったのかは、よく分からないところもあります。当時はこのような銘木も、現在より、はるかに入手しやすかったでしょうからね。

　明治の政治家のなかでは大隈重信は、やや豪華好きなところがありますね。ただ明治の政治家全体で言えば、総じてみんなかなり質素です。別荘といっても現代のリゾート地にある建物とは感覚が全然違います。質素な住まいのなかで日常性を大事にしながら、深い思索をしたり、いろいろな人との親交を深めたりしていた。大磯の別荘は、そんな実用性を重視した傾向が強いですね。

門井　実業家になると、そこはまた違ってきますが……。

奈良岡　大正・昭和時代の実業家になると、別荘の様子や使われ方は明治の政治家とは随分変わってきます。また大隈重信邸や陸奥宗光邸などは、国に建物が寄贈されるまでは、古河電工という民間企業の迎賓《げいひん》施設として使われていました。だからその時代に、内部のしつらえなどが、かなり豪華に変えられた面もありますよね。

明治の政治家にはストレスだった洋風の暮らし

門井　先ほど、奈良岡さんが「リゾート」という言葉を使われましたが、ひょっとしたら明治期は、別荘とリゾートの概念は別ものだったかもしれません。

奈良岡　なるほど。

門井　現代の我々にとって、この二つはほぼ同じイメージですが、両者は大正時代くらいになって、ようやく同じものになったと思います。

　当時の別荘が日常の延長だったということで言えば、大隈重信邸で一つ気になったことがあります。大隈重信は明治二十二（一八八九）年の爆弾テロ[68]によって右足を失ったため隻脚《せっきゃく》（片足）でした。ですから洋間のほうが絶対に使いやすかったはずなんです。東京では、おそらく洋間で生活をしていたのでしょう。

　ところが大磯の別荘では、和館を造りました。理由はよく分かりません。ただ隣が旧肥《ひ》前《ぜん》佐賀藩主の鍋《なべ》島《しま》直《なお》大《ひろ》[69]の家だったことも影響しているように思います。鍋島直大は明治になって駐イタリア王国公使を務めましたが、江戸時代、大隈家は鍋島家から藩士として禄をもらっていました。だから鍋島家の隣に洋館を造ることを、はばかったのかもしれません。

奈良岡　和魂洋才じゃないけれど、明治の人は洋室より和室のほうが落ち着いた、ということもあるかもしれませんね。

門井　明治の政治家が東京で洋風の生活をすることは、現代の我々が考える以上にストレスがあったのかもしれません。戦後になってもまだ、背広を着て会社に行き、家に帰ったら和服に着替えてくつろいでいた人がいたくらいですからね。

奈良岡　そういえば「サザエさん」の波平さんは、家ではいつも和服を着ていますね(笑)。

門井　明治時代は、ほとんどの人がそうだったのかもしれません。そして大磯は、政治家たちが背広を脱いで和服で過ごす場所だったんですね。そういった意味では、西洋から入ってきたリゾートとは違う気もします。

奈良岡　そうですね。ただそこはリゾートの定義にもよりますよね。明治のリゾートとはそういうものだった、という言い方もできるわけです。

門井　海水浴場のことで言えば、明治四十年代の大阪では浜寺公園[*70]が大人気でした。ここはまさに当時、海水浴場として開発され、大ブームとなったものです。ちなみに浜寺公園駅は、辰野金吾が設計しました。

こちらは、現代の我々が考える海水浴に近いものだと思います。家族で電車に乗って遊びに行き、おいしいものを食べて、旅館に泊まる。まさにレジャーです。また当時、堺市には裕福な商人がたくさんいたので、ときどき商人たちが集まって浜寺公園に毛氈《もうせん》（フェルトの敷物）を広げ、お茶会を開いていました。そんな浜寺公園の風景は、今日的なリゾートに近かったのではないかと思います。

奈良岡　そうですね。大磯に海水浴場が開かれた頃は医学的な転地療養のためという目的が大きかったのですが、その後、海水浴の位置づけが変わっていったのでしょうね。

眺めの良い場所は権力者や金持ちが独占

奈良岡　いずれにしろ大磯は、明治の指導者たちの精神風景や当時の政治・社会のあり方を考えるうえで、非常に重要な場所です。ただ残念なのは、多くの建物が当時のまま残っているわけではないことです。

滄浪閣はだいぶ改築されていますし、岩崎邸も元の姿ではありません。吉田邸は平成二十一（二〇〇九）年三月に火災で全焼し、平成二十九（二〇一七）年三月に再建しました。日本では明治の貴重な建物が、昔のままの姿であまり残っていないのが残念です。

門井　そうなんですよね。たいてい関東大震災や戦争による被害を受けていますからね。

奈良岡　大磯は小さな町なので、町ごと空襲を受けることはありませんでした。ただ機銃掃射や空襲の被害はけっこう受けているんです。

　平塚に軍需工場があったことも関係しているようです。東京の場合、前回のオリンピックで古い建物が相当壊されましたが、大磯でも高度経済成長期に古い建物が取り壊され、マンションなどに変わっていきました。この地にも、東京とある程度パラレル（平行）な、古い建物の破壊の歴史があるんです。

門井　これだけ海に近い土地でありながら、海風で朽ちた建物はない。すべて人為的に壊されたわけですね。

奈良岡　東京や大阪のような都市部でなくても、近代化の波は大きかった。このような問題は、全国的に見られたわけですね。

門井　都市部と地方の建築の比較で言うと、都市部は一部の高層ビルを除いて「自然の眺めがご馳走」という要素は少ないわけです。まわりはビルや建物ばかりですからね。眺めがあまり重要視されない分、逆に建築そのものを眺めるようになる。もっと言うと外装、内装の眺めがご馳走になるわけです。

人間の精神になぞらえて言えば、内向きの視線によって魅力的な物件になるわけです。でも大磯はそうではありません。建物そのものは和館で、見た目がすごいものはほとんどない。

そのかわり「視線は外の景色に向けてください」という場所です。そう考えると都会の建築は内向き、大磯の建築は外向きと言えるかもしれません。そもそも近代建築そのものが外に開かれていない、内向きのものばかりだったのかもしれませんが……。

奈良岡　なるほど。ただ外向きの視線を確保しようとすると、適した場所は非常に限られてきます。結局、お金をもっている人や強いコネクションをもっている人しか、そのような場所は手に入れることはできないですからね。

大磯でもヨーロッパとの貿易で大儲けした実業家の吉田健三が、大磯の南の一番良い土地の一つを買っています。大磯駅前の富士山と江ノ島を結ぶ、直線の真ん中にある良い場所は、三菱財閥の岩崎家が押さえています。さらに今の別荘の中心地域のようなところを伊藤博文、大隈重信、陸奥宗光という明治の有力政治家が押さえました。こんなに良い場所を先に押さえられたら、後からはもうなかなか入っていけません。

門井　しかも都市部と比べると土地は、そんなに高くないですからね。代替わりになったとき、相続税が払えず手放さなくてはならない、ということも少ないんです。

奈良岡　外向きの視線という点では、京都と似ているところもありますね。京都は夏暑くて冬寒いので避暑地、避寒地としては発展しませんでした。ただ春の桜と秋の紅葉の景色は、圧倒的に素晴らしい。だから東山の一部、岡崎あたりに別荘地が発展したのです。

門井　平安神宮の東から北あたりですね。

奈良岡　いわゆる「鴨《おう》東《とう》」と言われている地域です。あそこも立地のいい場所は、すべて権力者や大金持ちに押さえられています。今、残っている建物で一番有名なものは、山縣有朋が建てた無鄰菴です。南禅寺あたりまでの借景と、琵琶湖から引っ張ってきた疏《そ》水《すい》がある、とんでもなく良い場所です。あの土地をどうやって取得したのか、経緯はよく分かりませんが、絶大な権力なしには難しかったはずです。

門井　洛外の大磯のような場所ですよね。

奈良岡　岡崎はいまでも別荘地で、私有地も多いため全貌はよく分かりません。良い場所は岩崎や住友など財閥系の実業家が押さえています。現在、野村美術館になっているところも、野村財閥の野村徳《とく》七《しち》[*71]の別荘でした。東山の借景という特権的な場所を金と権力をもった人がいち早く押さえたら、後の人は入っていけません。その構図は大磯と似ているところがあります。

門井　交通面では必ずしも便利なところではありませんよね。洛中に比べるとそんなに地価は高くないから、ここも代替わりで手放されることがない。そういう点でも共通していますね。京都もなかなか興味深い土地かもしれません。

軽井沢は内向きだったから外へ発展した

門井　そう考えると、逆の意味で明治四十年以降の軽井沢の発展が理解できる気がします。軽井沢は、どこに別荘を造っても林の中になります。湘南のように特別眺めが良いという場所はありません。

　だから別荘地を外に広げていけば、いくらでも後から入る余地があるんですね。大磯だと後から入って来ても、海や富士山が見える土地を手にするのが難しい。それでは大磯に別荘を建てる意味がありません。

　それに対して軽井沢は、そもそも風景を求めて行く場所ではない。だからこそ、軽井沢は大正・昭和になってから偉くなったり、お金持ちになったりした人が、後からでもどんどん入っていけたのでしょう。

奈良岡　たしかに第一次世界大戦による好景気のあと、富裕層の拡大とともに軽井沢の開発が爆発的に進みます。超エリート主義的な雰囲気が濃厚な大磯と比べて、新興勢力ともいえる高級官吏や成金《なりきん》の実業家が、軽井沢にどんどん別荘をもつようになります。日本全体が豊かになったことにより、別荘をもてる社会層が拡大し、軽井沢がその受け皿になったわけですね。

門井　軽井沢は建《けん》蔽《ぺい》率《りつ》（敷地面積に対する建築面積の割合）が非常に低い。なぜなら、買った土地のうち家を建てられるスペースが法律で制限されていて、ほとんどの土地は林のままにしておかなくてはならない決まりになっているからです。大磯が外向きの別荘地だとしたら、軽井沢は内向きの別荘地です。つまり眺めは林以外、一切見えないわけです。

　つまり、ひたすら「精神的な塀」で囲った自分の土地の林を眺めて過ごすわけです。たとえ自然豊かな森林を見ていても、自分の土地の内側ですから、極めて内向きです。そういう意味では、外を見る別荘の時代は明治期がピークだったのかもしれません。大磯的な別荘が造られたのは、明治二十年代ですからね。

奈良岡　なるほど……。逆に、大磯に興味を示した外国人というのは、必ずしもいなかったわけではありません。前天皇（現上皇）が皇太子だったときに学習院で英語を教えたレジナルド・ブライス[*72]や、イギリスの外交官など、大磯に別荘をもっている人は何人かいます。ただ軽井沢より数は少ない。

また大磯は、政治家以外では華族の別荘が多いですね。いずれにしろ大磯には軽井沢ほどの発展の余地がなかったので、新興勢力が入って来られなかったことは間違いありません。視線が外に向くような別荘地、外向きの別荘地というのは、かえって外に広がりづらいということですね。

門井　「領土」としては広がっていかないわけです。内向きであるほうが、外に広がる。ひょっとしたらあらゆる群集心理がそうかもしれません（笑）。

新島襄、徳富蘇峰と大磯、湘南の関係

門井　ちょっと話は戻りますが、『蘇峰《そほう》自伝』（徳富《とくとみ》猪一郎著）によると、新島襄《にいじまじょう》は明治二十二（一八八九）年十二月二十七日に大磯を訪れています。

当時、新島は私塾のような存在だった同志社を、専門学校（大学）にしようと運動していた最中でした。そのため莫大なお金が必要で、全国を回って寄付金を集めていたんです。そのためにかなり無理をしてしまい、群馬県の前橋で倒れます。その後、体調はなかなか良くならず、療養のために大磯にやって来るのです。このときは別荘ではなく、百足《むかで》屋《や》旅館に滞在しました。

奈良岡　まだ大磯が別荘エリアになる前の話ですね。

門井　ええ。新島は結局、大磯に別荘は造りませんでした。でも土地だけは買っていて、別荘を建てる前に亡くなってしまったのです。新島が妻の八重《やえ》に「狼狽するなかれ。グッドバイ。また会わん」と言って、最後に目を閉じたエピソードは、歴史上の大磯の一つの原点と言えるかもしれません。

また新島は大学を造るうえで法学部、経済学部、政治学部は東京に置こうとしていたようです。京都では学生が集まらない、仮に集まったとしてもこの三分野に関しては東京が中心だと考えていたようです。おそらくそれは、徳富蘇峰の助言によるものだと思います。徳富蘇峰は『蘇峰自伝』のなかで、新島襄が大磯に土地を買っていたのは定住するつもりだったのではないか、と推測しています。

だとすると、新島に無理をさせたのは徳富だとも言えます。それまで京都にあった学校を東京に建てるとなると、集める額が違ってきますからね。

奈良岡　先にも確認したように、松本順は海水浴を医療行為の一環としてとらえ、大磯に転地療養のための海水浴場が生まれました。ただ注意したいのは、その後、大磯にはサナトリウム[*73]ができなかったことです。平塚や鎌倉にはあったにもかかわらずです。

門井　そうなんですか。それはなぜでしょう。

奈良岡　サナトリウムができると付近で「病気が伝染《うつ》るんじゃないか」という風評が生じます。別荘地としての格や評判が下がることを恐れたのではないかと思います。

大磯は海水浴が夏の娯楽になっていくなか、転地療養の地から次第にリゾート地としての性格も、もつようになります。だから最終的にサナトリウムの建設までは、いかなかったわけです。

門井　松本順の路線での発展は、しなかったわけですね。

奈良岡　別荘地は、その地に住む人々の層や質によって形成されていく面があります。そういった意味では、大磯に伊藤博文の関係者が多かったこと、新島襄が大磯の土地を買っていたことについて考えることは意味があります。

実は徳富蘇峰も、大磯の隣駅の二宮に別荘をもっていました。現在、「徳富蘇峰記念館」になっているところは、蘇峰の別荘だった場所です。徳富蘇峰が第二次世界大戦後に日本の行く末を案じていたとき、新島襄のことをどれだけ意識していたかは分かりません。ただ徳富蘇峰が湘南の地への思い入れを強くもっていたとすれば、新島襄からのつながりが大きいのではないかと思います。

門井　徳富蘇峰が亡くなったのは、熱海でしたよね。いずれにしろ東海道ラインです。現在も成簣堂《せいきどう》文庫[*74]が残っていますが、徳富蘇峰は古書の大コレクターでした。

単行

重版出

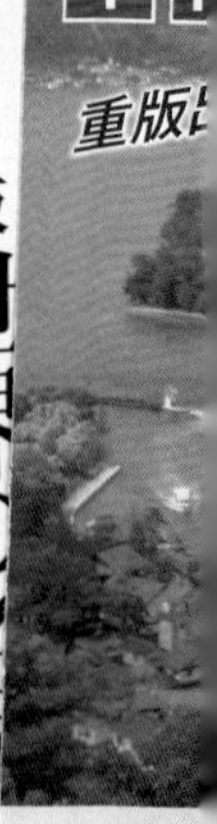

カラー版 世界の名画との語らい

★三刷出来！ 国内外の美術館が誇る名画が私たちに語りかけるメッセージに"肉薄"する。

●定価1320円

●定価1650円（税込）

★978-4-267-02218-0

【ご注文

お求めい

★お急ぎ

ご注文い

0120-2

（www.

電子書店

〒102-8110

潮新書

ラグビー まあまあ おもろいで！

あなたの知らない楕円球の世界

ラグビー芸人・中川家とのスペシャル対談収録！ ラグビーの魅力とウンチクを語る。初心者でも楽しめる本！

元ラグビー日本代表 大畑大介

●定価990円

きれいの手《て》口《ぐち》

秋田美人と京美人の「美薬」

カリスマ美容家IKKOさんとの特別対談を収録！ 読むだけで確実に「美の質」が上がる極上のメソッド。

作家 内館牧子

●定価968円

「古文書入門」シリーズ

いろはで学ぶ！ くずし字・古文書入門

江戸時代の初等教育教科書を教材に、古文書に出てくる「ひらがな」を習得する基礎編！

古文書解読検定協会代表理事 小林正博

●定価968円

解いて覚える！ くずし字・古文書ドリル

★重版出来！ 古文書に頻出する漢字や常用表現を楽しく覚えられる、シリーズ初めての問題集！

小林正博

●定価968円

潮文庫

深夜零時に鐘が鳴る

優しい出会いの奇跡、再び――。山本周五郎賞作家が描く大人のロマンチック・ストーリー、待望の文庫化。

作家 朝倉かすみ

●定価935円

駿《しゅん》風《ぷう》の人

★書き下ろし！

軍事・内政に手腕を発揮し、"海道一の弓取り"と呼ばれた戦国武将・今川義元の生き様を描く！

作家 髙橋直樹

●定価897円

キーワードで読む「三国志」

話題作が待望の文庫化！ 三国志を彩る51のキーワードからその魅力を解き明かす、ファン必読の書。

国際日本文化研究センター名誉教授 井波律子

●定価866円

ス

明治の元勲はみなＥＸＩＬＥ（流浪者）だった

門井　伊藤博文や山縣有朋が軽井沢ではなく、大磯を選んだ理由としては、彼らのなかに京都への思い入れがあったのではないかという気もします。これは半ば妄想を含めた仮説ですが、明治二十年あたりの政治家の頭のなかには、「自分たちのルーツは東京ではなく京都だ」という意識が、まだ残っていたのではないかと思うのです。

　薩摩・長州・土佐の藩士は戊辰《ぼしん》戦争[*75]に勝ち、明治維新を成功させて徳川政権を倒します。そして京都の天皇を担いで、新しい首都・東京にやって来ました。東京では明らかに他所《よそ》者で、「自分たちのルーツは西日本にある」という意識が濃厚だったはずです。

　もし明治二十年代になっても伊藤博文や山縣有朋にそのような意識が残っていたのなら、彼らが別荘を建てる場所として、軽井沢ではなく大磯を選んだ理由も分かる気がします。心理的には「京都帰り」の途上というイメージですね。だから同じ避暑でも、那須・日光には行かなかったのではないでしょうか。

奈良岡　おもしろい説ですね。確かに明治期は、現在の我々が考える以上に西日本の存在感が大きかったことは間違いありません。陸上交通の発達によって鉄道ができ、関西・近畿に戻る必要性が多くあるなかで、大磯に別荘があることは便利だったということもあるでしょう。

ただそれに関しては、私はむしろ西日本がルーツというより、彼らがすでにルーツを失っているところが大きなポイントだと思います。

門井　ほう。

奈良岡　明治政府の中心にいた権力者たちは、東京では「薩長藩閥《さっちょうはんばつ》出身だ」と叩かれました。でも実は薩摩出身の政治家は、明治十（一八七七）年の西南《せいなん》戦争で薩摩の郷党たちと対立し、故郷に戻れない状態になっている人が多いわけです。例えば、兄の隆盛《たかもり》と対立して政府側についた西郷従道《さいごうつぐみち》*76などは、薩摩に帰りたくても帰れない。

門井　樺山資紀《かばやますけのり》*77や大山巌《おおやまいわお》*78などもそうですね。

奈良岡　政府側についた元薩摩藩士は、西南戦争のせいで故郷に顔向けできず、帰る場所がなくなってしまったのです。不平士族対策として、むしろ故郷の士族を切り捨てる立場にいたのが、明治維新以降、東京にいる政治家でした。そうなると「故郷に錦を飾る」どころか……。

門井　故郷に帰れば、命の保証もない。なるほどなあ。

奈良岡　大正・昭和期の政治家であれば選挙があるので、自分の地元に家をもち、定期的に故郷へ帰ります。でも明治政府の指導者たちは、選挙で選ばれたわけではありません。彼らは、選挙のために故郷へ帰る必要がありませんでした。

　そこで彼らは東京に本宅を構えつつ、その周辺で故郷に代わる心の拠り所となる居場所を探したのでしょう。

　開拓や農業、牧畜業に関心のある政治家は、西郷従道や山縣有朋、三島《みしま》通庸《みちつね》*79のように、栃木の那須野が原に別荘を造ります。伊藤博文のように湘南の風景が気に入った人は、東京の北側ではなく南の海へ向かったわけです。戻るべき故郷を失い、東京中心の生活をする政治家にとって、故郷のように安心できる場所を探すことは、切実な課題だったのではないでしょうか。

門井　なるほど。明治の元勲《げんくん》はみなＥＸＩＬＥ（エグザイル＝流浪者）だったんですね（笑）。

奈良岡　ひとことで本質をつかんでいただきました（笑）。

門井　西南戦争の話で一つ思い出しました。伊藤博文は滄浪閣に尊敬していた岩倉《いわくら》具視《ともみ》・大久保利通・三条《さんじょう》実美《さねとみ》・木戸《きど》孝允《たかよし》を祀った四賢堂を造りました。伊藤博文の死後、夫人の

七賢堂（前身の四賢堂は明治36年建立。昭和43年、七賢堂となる）

梅子《うめこ》が伊藤も祀って五賢堂となります。さらにその後、西園寺公望《さいおんじきんもち》と吉田茂も合祀され、**七賢堂**として吉田茂邸にありました。当然のことながら、あのなかに西郷隆盛はいませんよね。

奈良岡　いないですね。

門井　伊藤博文が、西郷を入れなかったわけですね。四賢堂ができたのは、明治三十六（一九〇三）年のことです。西郷が西南戦争で敗れ、自決したのは明治十（一八七七）年。二六年経っても伊藤が西郷を四賢堂に入れなかったことに、私は少しびっくりしました。伊藤は二六年も時が過ぎても、西郷を許さなかったわけです。

奈良岡　四賢堂ができた当時、明治国家としては西郷の復権は、なされています。西郷はさまざまな名誉を剥奪《はくだつ》されましたが、明治二十年代には、それを回復しています。

門井　爵位も死後、正三位＝勲一等が与えられていますよね。

奈良岡　東京奠都《てんと》三〇周年にあたる明治三十一（一八九八）年には、上野に西郷隆盛像が造られました。内村《うちむら》鑑三《かんぞう》が『代表的日本人』のなかで西郷隆盛を取り上げたことも影響し、当時すでに「社会的にも政治的にも西郷さんを許そう」という雰囲気には、なっていたのです。

ただ伊藤博文自身は、自分は大久保利通、木戸孝允の直系だという意識を強くもっていたはずです。近代国家建設の確固としたビジョンをもたず、大久保や木戸と無闇に対立した西郷に対して、伊藤の評価は実際に低かったのだと思います。

門井　四賢堂に西郷が入れられなかったのは、純粋に伊藤自身の評価なんですね。

奈良岡　さらにその系譜を継いだ、吉田茂や近親者たちの評価でもあった。そこは大事なポイントだと思います。

故郷に帰れない者が東京近郊に故郷をつくった

門井　先ほどの「明治元勲ＥＸＩＬＥ論」に戻りますが、明治維新の立役者のほとんどは故郷を捨て、故郷には帰れない。その一番分かりやすい例が薩摩ですね。表向きは薩摩が錦の御旗をもって東京にやって来て、薩長政府を作ったように見えます。

　でも薩摩人の多くは、明治十年に西郷隆盛と一緒に薩摩に帰ってしまっています。そして東京に残った一部の連中が、西郷を死に追いやるわけです。ですから東京に残った西郷従道らは、とてもではないけれど鹿児島に帰ることはできない。同じことは佐賀の乱[*80]があった佐賀でも言えます。

奈良岡　佐賀藩出身の大隈重信も西郷従道と同じ立場ですよね。

　ところで那須に別荘を造ったのは薩摩人が多いんです。そして彼らは那須に、「加治屋《かじや》町《ちょう》」などと薩摩の地名をつけています。あれは薩摩に帰ることができないので、那須に新しい薩摩を造ろうとしたんですね。

　伊藤博文が大磯で長州に思いを馳せていたという資料は、見たことはありません。ただ長州藩出身の政治家も同様だと思います。彼らも前《まえ》原《はら》一《いっ》誠《せい》*81を殺しているし、長州の鎮圧された側、不平士族から恨まれています。東京にいる長州出身の政治家も、地元とはすごい緊張感があったのだと思います。

門井　薩長土肥（薩摩・長州・土佐・肥前）のなかで一つだけ、不平士族による反乱が起こらなかったのが土佐藩です。そのかわり自由民権運動をやった（笑）。

奈良岡　土佐では非主流派が東京で出世して、随分と偉くなりました。岩崎弥太郎などは、もともと貧しい地下浪人で、土佐では随分といじめられていました。生まれ故郷の安《あ》芸《き》の生家はきれいに保存されていますが、高知とは決して良好な関係だったわけではありません。

門井　その土佐藩の人脈のなかから、吉田茂が登場したことも、歴史としては興味深いですね。

奈良岡　吉田茂は東京生まれですが、父親は土佐出身で、板垣退助の腹心だった竹《たけ》内《うち》綱《つな》です。父親が反政府運動で逮捕されたため、吉田茂は実業家の吉田健三の養子となり、幼少期を大磯で過ごします。戦後、高知県の選挙区から立候補しますが、地元には何ももたらさなかったと言われています。たぶん高知県には家もなかったでしょう。

門井　なるほど。吉田茂もＥＸＩＬＥなんですね（笑）。

奈良岡　となると、明治はおろか昭和の戦後になっても日本は、ＥＸＩＬＥによって統治されてきた、と言えなくもない（笑）。

　明治維新以降の近代国家の建設が、ＥＸＩＬＥによって成されたものなのだから、当然といえば当然なのですが……。冗談めかして語ってきたことですが、このことは意外と近代、現代の日本社会を考えるうえで重要な視点かもしれません。

　いずれにしろ東京で活躍をしながらも、帰るべき故郷をもたない人たちが、癒やしや静養の場、親交を深める場としていたのが、大磯や那須の別荘だったわけですね。

門井　やはり東京は、故郷には絶対にならないわけです。あくまで仕事をするための場所なんですね。別荘を造ることは、まさに「故郷をつくる」こと。大磯に、軽井沢に、那須にと、意識的に故郷を選び取ったともいえるかもしれません。

思索を深め、ライバルが本音で語り合える社交の場

門井　「明治の政治家は低い身分から突然成り上がったため、維新後は舞い上がって、女

遊びや大宴会などやりたい放題をやった」と思っている人がいます。でも実際の彼らは、ものすごいプレッシャーとストレス、人間的苦悩の連続だったのかもしれません。その救いとなったのが別荘だった。そう考えると大磯の別荘も、決して我々がうらやましがる類《たぐ》いのものではない気がします。

奈良岡　大きい邸宅だと思って実際に見ると、かなり質素ですしね。

門井　そうなんですよね。

奈良岡　そう考えてくると、現在、「明治記念大磯邸園」として整備されている大磯の別荘群が果たした役割は、大きく二つあると思います。

一つは政治家が孤独になり、思索を深めるための空間だった。東京は仕事の場であり、セレモニー（儀式）の場であり、家にも来客が多い。明治の政治家にとって、東京はゆっくりと「もの」を考えることができない場所だった。そこで東京から少しでも距離が離れた場所に移動することで、時間を作り、思索を深め、書類に目を通し、ときに「もの」を書いたりしたのでしょう。

伊藤博文に関して言えば、大磯では常に本をゆっくり読み、勉強していたという証言が残っています。陸奥宗光の有名な『蹇《けん》蹇《けん》録』[*82]は、大磯で書かれています。

門井　あれは口述筆記でしたよね。

奈良岡　ええ。彼は療養のために滞在した大磯で、自分が深く関わった日清戦争を振り返り、歴史の審判を受けるために記録に残したんですね。東京の煩わしい喧騒を離れた大磯という場だからこそ、可能だったことだと思います。

門井　孤独のなかで、深い思索ができたと。

奈良岡　一方で大磯は、政治家や経済人が濃密なコミュニケーションをする場でもありました。政治家だけでなく、岩崎弥之助や渋沢栄一《しぶさわえいいち》[*83]などの実業家が、よく大磯で政治家らと会っています。

渋沢栄一は大磯に別荘はもっていなかったようですが、明治期には季節ごとに貸し別荘へ訪れていました。とくに夏と冬はよく来ていたようです。渋沢栄一の日記を読むと、仲が悪いと言われていた岩崎弥之助と大磯でよく会っていることが分かります。大磯は新聞記者など余計な雑音を退けて、政財界の大物同士が腹を割って話し合うことができる場だったんですね。

つまり、大磯は必ずしも「仲良しクラブ」ではなかったということです。岩崎弥之助と渋沢栄一が会っていたのもそうですが、ライバルで仲が悪いと思われていた伊藤博文と大隈重信も大磯で会っています。必ずしも関係が良くない陸奥宗光と山縣有朋も会っていました。政敵であってもライバルであっても、ここに来れば胸襟《きょうきん》を開いて語り合える。そんな貴重な場だったのです。

門井　普段はリング内で殴り合っていても、リングの外ではファイティングポーズを取る必要がない。そのような場があることは、とても大きなことだと思います。

奈良岡　表面的に、立場上対立しているように見えても、本音で話し合えば、国を憂うもの同士、分かり合える部分があった。そんな真の意味でのコミュニケーションのための装置が大磯だったのではないでしょうか。

門井　まさにその通りだと思います。大磯という土地が明治の政治家に与えたもの、それを一語で言うと「慰め」だと思います。奈良岡さんがおっしゃるように人と会わず、孤独な読書と思索によってまず自分を慰める。知的な意味での慰めです。

もう一つ、東京では利害が対立せざるを得ない相手と、胸襟を開いてフランクに意見交換をする。そんな相手と、必ずしも今すぐに結論を出さなくてもよい話をする。そういう意味では大磯は、東京で荒れた対人関係を修復する「慰めの場」でもあった。現在の私たちはなかなか別荘をもてませんが、こういう人間関係の機微には、学ぶところがあると思います。

奈良岡　そうですね。

元老としての政治の場だった吉田邸

門井　大磯という地が政治家に「慰め」を提供したと言っても、戦後に吉田茂が使った**吉田邸**だけは、少し性格が異なる気がします。あの建物は、孤独や対人関係の慰めというより、はっきりと「ここで政治をやるのだ」という目的意識のもとに造られている印象を受けます。

なにしろ玄関に入ると、いきなりドン！　と大きな応接間があるわけですからね。あれは剣客道場の造りです（笑）。誰でもかかってこいと言わんばかりです。

建物自体は義父の吉田健三が、大磯が開発された早い時期に造ったものです。でもあの邸宅には、吉田茂という政治家のパーソナリティーが非常に色濃く表れています。大隈邸や滄浪閣とは、あきらかに性格も雰囲気も異なります。

奈良岡　伊藤博文や陸奥宗光、大隈重信の場合は、ライバルや仲間が近所に固まってい

旧吉田茂邸（明治17年完成、平成21年焼失後、再建）

て、フラットな関係性のなかに邸宅があったわけです。

それに対して吉田茂の場合、あの家を使っていたのはほとんど引退した後で、周囲に仲間やライバルがいたわけではなかった。要は現役政治家ではなく、元老の家なんです。西園寺公望が興津や京都にもっていた別荘に近い気がします。普段は孤独に静かに暮らしているけれど、政客が訪れたときには大所高所《たいしょこうしょ》からアドバイスをし、ときには首相を指名したり、調停をしたりした。そのための屋敷だったのだと思います。

門井　節目節目で、新聞記者が集まったりもしていますよね。

奈良岡　記者が集まるときは、吉田茂にとっては真剣勝負の場です。だからあの別荘には剣客道場的な趣があるんでしょうね。

門井　わずらわしい東京から離れるのではなく、あくまで東京の飛び地のような感覚なんですね。なるほど、どうりで官邸直通の電話があったわけだ（笑）。

近代日本を見渡せる大磯にある建築の意義

門井　これまで大磯にある明治期の建築について、二人でさまざま話をしてきました。ここでまとめとして、それらがもつ現代的な意義について改めて考えたいと思います。

まず第一に、これらの建築の大きな意義は、現代の我々がいかに忙しすぎて、じっくり思索する暇すらないことを、教えてくれる点にあるのではないかと思います。これらの建築を見ていると、歴史の側から「二十一世紀を生きるお前たちは大丈夫か？」という問いを突きつけられているように感じます。それは、とりわけ現在の政治家が耳を傾けるべきメッセージだと思います。そういえば現在の政治家は軽井沢には行きますが、大磯には行きませんね。

奈良岡　そもそも大磯に別荘がないからではありますが……。残念ながら今の大磯は、かってのような政治家に「癒やし」を与える社会的機能は果たせていません。

門井　それは逆に言えば、我々が近代政治のなかで、あるいは近代的な生活のなかで、何か重要なものを失ってしまったことを意味するのかもしれません。大磯の明治期の建築は、そういう反省をさせてくれるきっかけにもなるのではないでしょうか。

奈良岡　そうですね。いずれにしろ大磯は、近代日本全体を縦糸でつないで一気に見渡せる、他に類のない場所です。東海道の宿場町としての大磯の繁栄、その後の衰退、そこに松本順や伊藤博文、山縣有朋のような人がやって来て、別荘地として発展していった。

その後、大正時代になると軽井沢のような別荘地が繁栄し、大磯の勢いは落ち着き、社会的機能、政治的機能としては低下していきます。戦時中は東京の空襲を恐れた人たちが疎開してきたり、軍の台頭によって主流派から追われた吉田茂が隠棲したりしていました。

戦後は焼け出された人が、大勢大磯にやって来ました。岩崎邸は財閥解体によってなくなりますが、澤田美喜《さわだみき》[*84]が買い戻してエリザベス・サンダース・ホームを造ります。サンフランシスコ講和条約締結後も、吉田邸を通して大磯は政治と関わり続けました。

門井　大磯という一つの土地に、まさに近代史がギュッと凝縮されていますね。

奈良岡　ええ。それぞれを担っている人たちにも相互の関係があり、そこが非常におもしろいところです。大磯にまつわる個々の政治家のエピソードは、孤立してバラバラにあるわけではありません。それらは濃密な人間関係や地縁・血縁でつながっています。大磯にはそんな豊かな物語や、立体的な歴史があるのです。

二〇一八年十月から十二月まで、大磯の邸宅群が整備されて「明治記念大磯邸園」の一部区域が記念公開されました。今後本格的に整備され、将来的には展示施設もできると聞いています。このようなかたちで大磯という土地や建物の歴史的価値を後世につないでゆくことは、とても大きな意義のあることだと思います。

門井　「近代日本を一本で貫く縦糸」ともいえる大磯に、ぜひ多くの人に足を運んでもらいたいですね。ただ縦糸の役割は、本当は一国の首都が果たすべきものです。東京がその役割を果たしていないとは言いませんが、東京だけではできないものを、江戸時代から担ってきたのが大磯だったのだと思います。奈良岡さんとの対談を通して、歴史における大磯の意義が新たに見えてきた気がします。

奈良岡　もちろん東京があっての大磯という面はありますよね。大磯だけをピンポイントで考えても、バランスが悪くなってしまう。東京という大きな存在があり、そこと連動した重要な場所という感じですね。

門井　だから大磯は、西日本とは、ほとんど絡まないんですよね。せいぜい同志社を造った新島襄がそこで亡くなったくらいです。そういう意味では近代とは、まさに東日本の歴史だったとも言えます。

＊55　新島襄
一八四三～一八九〇。教育家。幕末に脱藩し、密航によって渡米。アメリカの大学で理学、神学を学んで帰国する。明治五（一八七二）年に岩倉使節団にアメリカで合流して欧米の教育制度を視察。帰国後、京都に同志社英学校（のちの同志社大学）を設立した。

＊56　松本順
一八三二～一九〇七。長崎で蘭医学を学んだ後、幕府医学所三代目頭取、将軍徳川家茂・慶喜の侍医を務める。維新後は兵部省で軍医制度を確立。初代陸軍軍医総監を務め、衛生思想や転地療養の普及にも取り組んだ。

＊57　陸奥宗光
一八四四～一八九七。政治家・外交官。和歌山藩士・伊達宗広（千広）の子。脱藩して坂本龍馬の海援隊で活躍。維新後新政府に入り、駐米公使、山県内閣・松方内閣の農商務相を経て、第二次伊藤内閣の外相の時、条約改正や日清戦争開戦、下関条約締結にあたる。著書に『蹇蹇録』がある。

＊58　吉田健三
一八四九～一八八九。実業家。吉田茂の養父。脱藩して大阪で医学、長崎で英学を学んだ後、イギリスへ密航。帰国後、英国の商社の横浜支店長に就任。独立して数々の事業を成功させ、横浜有数の富豪となる。その後、自由党を支援し、吉田茂の実父である竹内綱とも懇意になる。

＊59　林洞海
一八一三～一八九五。蘭方医。佐藤泰然とともに長崎で、ニーマンから医学を学ぶ。幕末は幕府の侍医を務め、明治維新後、沼津病院副院長、大阪医学校校長などを務める。

＊60　佐藤泰然
一八〇四～一八七二。蘭方医。長崎でオランダ語と医学を学び、江戸で塾を開く。後に日本最初の私立病院となる順天堂を設立する。外科手術に優れ、西洋医学の治療と教育に尽力した。

＊61　アレキサンダー・C・ショー
一八四六～一九〇二。カナダの宣教師。明治六（一八七三）年、英国聖公会福音宣布教会から派遣されて日本へ。東京芝に聖アンデレ教会を創設し、日本聖公会の指導者の育成にあたった。軽井沢を避暑地として開発、紹介したことでも知られる。

＊62　富士講
富士山を信仰する農民や商人、職人らによって組織された講。白装束を着て鈴を振り、般若心経などを唱えながら登山する。江戸時代後半に流行した。浅間講ともいう。

＊63　尾崎行雄
一八五八～一九五四。新聞記者を経て立憲改進党の創設に参加。東京市長、文相、法相を歴任した。立憲政治を擁護し、大正二（一九一三）年の第一次護憲運動を主導。憲政の神様とも言われた。

＊64　島田三郎
一八五二～一九二三。ジャーナリスト、政治家。横浜毎日新聞を創刊し、主筆として自由民権論を主張。その後、立憲改進党の創立に参加。衆議院議員、衆議院議長を務める。

＊65　近衛文麿
一八九一～一九四五。政治家。近衛篤麿の長男。貴族院議長などを経て昭和十二（一九三七）年に第一次内閣を組織。第三次内閣では東条英機陸相と対立して総辞職。戦後、戦犯に指名されて自殺。

＊66　坐漁荘
大正九（一九二〇）年に西園寺公望が、静岡県興津町（現・静岡県静岡市清水区）に造った別荘。三〇〇坪の敷地に京風数寄屋造り二階建ての一軒家が建てられた。

＊67　植木枝盛
一八五七～一八九二。土佐藩士。板垣退助の影響を受け、自由民権運動を推進する。人民の抵抗権や革命権を盛り込んだ急進的な私擬憲法「東洋大日本国国憲案」を起草した。

＊68　明治二十二年の爆弾テロ

明治二十二（一八八九）年、外相として不平等条約改正に取り組んでいた大隈重信は、国家主義集団・玄洋社の来島恒喜に爆弾によって襲撃される。それによって大隈は右脚を切断し、外相を辞職した。

＊69　鍋島直大

一八四六〜一九二一。佐賀藩主。戊辰戦争では藩兵を東北へ派遣。維新後はイギリスに留学。帰国後、駐イタリア王国公使や貴族院議員を務める。

＊70　浜寺公園

明治六（一八七三）年に造られた、日本最古の公園の一つ。「名松１００選」に選ばれた美しい松林、プール、交通遊園、バラ庭園、スポーツ施設などがあり、多くの人に親しまれている。

＊71　野村徳七

一八七八〜一九四五。実業家。家業の両替商を証券業に変え、大阪野村銀行（のちの大和銀行）、野村証券を設立し、野村財閥を築く。日仏文化協会の設立に貢献し、茶や能楽にも造詣が深かった。

＊72　レジナルド・ブライス

一八九八〜一九六四。イギリス出身の文学者、日本文化研究者。日本統治下の朝鮮で、京城帝大の英文科助教授を務める。その後、金沢の四高で英語を教え、戦後は学習院大学英文科の教授となる。禅や俳句に関する著作で英語圏に日本文化を紹介した。

＊73　サナトリウム

空気の良い海辺や高原などで慢性病を治すための療養所。日本では結核療養所のことを指すことが多い。

＊74　成簣堂文庫

徳富蘇峰が集めた五山版などの古書のコレクション。現在は東京駿河台の石川武美記念図書館（旧お茶の水図書館）に所蔵されている。

＊75　戊辰戦争

慶応四（一八六八）年から明治二（一八六九）年にかけて、新政府軍と旧幕府、奥羽越列藩同盟が戦った内戦。鳥羽・伏見の戦い、上野の彰義隊の戦い、会津戦争、函館戦争などの総称を言う。

＊76　**西郷従道**

一八四三〜一九〇二。薩摩出身の軍人、政治家。西郷隆盛の弟。維新後、山縣有朋とヨーロッパに渡り、兵制を学ぶ。海相、内相などを歴任し、晩年は元帥となった。

＊77　**樺山資紀**

一八三七〜一九二二。軍人、政治家。鹿児島で生まれ、戊辰戦争、西南戦争に参加。海軍制度の構築に尽力し、山縣有朋内閣、松方正義内閣のもとで海相を務める。さらに台湾総督、枢密顧問官、内相、文相を歴任した。

＊78　**大山巌**

一八四二〜一九一六。軍人、元老。西郷隆盛の従弟。西南戦争では旅団司令官として西郷軍と戦った。陸相、参謀総長、日露戦争では満州軍の総司令官を務める。

＊79　**三島通庸**

一八三五〜一八八八。官僚。鹿児島出身。倒幕運動、戊辰戦争に参加し、維新後は東京府権参事、酒田県令などに就任。その後、警視総監となり、自由民権運動を弾圧した。

＊80　**佐賀の乱**

明治七（一八七四）年に佐賀で起きた明治政府に対する士族の反乱。征韓論を唱えて敗れた江藤新平、憂国党を率いる島義勇らが蜂起し、一時は県庁を占拠したが、最終的には鎮圧された。

＊81　**前原一誠**

一八三四〜一八七六。幕末の志士。長州で吉田松陰に学び、倒幕運動に参加。維新後、参議や兵部大輔などを務めたが、政府内の意見対立から下野。不平士族とともに萩の乱を起こすが、鎮圧されて処刑された。

＊82　**蹇蹇録**

陸奥宗光が明治二十八（一八九五）年に口述筆記した外交記録。明治二十七（一八九四）年の甲午農民戦争（東学党の乱）から日清戦争、下関講和条約批准、三国干渉、遼東半島還付までを外務大臣の立場で記した。

＊83　渋沢栄一
一八四〇～一九三一。実業家。パリ万国博覧会幕府使節団に加わってヨーロッパに渡る。維新後は大蔵省の官吏となり、退官後に第一国立銀行、日本初の私鉄日本鉄道会社、王子製紙など約五〇〇の会社を設立した。

＊84　澤田美喜
一九〇一～一九八〇。社会福祉家。岩崎弥太郎の孫。戦後、私財を投じて大磯の岩崎別邸に養護施設「エリザベス・サンダース・ホーム」を開設。占領軍が残した約二〇〇〇人の混血児を育てる。

第3章

「復興」から「成熟」へ

～昭和（戦後）・平成～

思想の時代を象徴する原爆ドーム

門井　ここからは、戦後の建築から当時の社会や風潮を読み解いてみたいと思います。まず戦後を代表する印象深い建物として、私は**原爆ドーム**[*85]を挙げたいと思います。あの建物が建てられたのは戦前です。もともとは広島県産業奨励館という、主に広島県の物産を陳列・展示・即売するためのコンベンション施設とレセプション施設を合わせたような建物でした。

その建物が原爆投下と敗戦によって、はからずも戦後の象徴になるわけですね。ところで戦後、また昭和という時代はどういう時代だったのか。昭和二十（一九四五）年から昭和六十四（一九八九）年までを今から振り返ると、政治も文学も芸術も、あらゆるものが抽象的な思想によって動かすことができた時代だったと思います。自由主義、社会主義、芸術主義……まず抽象的なものが来るわけです。

奈良岡　そうですね。

門井　戦後の時代は、まさに思想によって成立し、思想によって翻弄されてきました。た

原爆ドーム（旧広島県産業奨励館、大正4年竣工）

だそのような時代は、現代では決定的に過ぎ去ってしまいました。今日の社会は、逆に思想色が薄くなることによって安定しているとも言えます。

原爆ドームは、まさにその思想から非思想へ、という流れを象徴している建物だと私には思えるのです。

奈良岡　そもそもあんなボロボロの状態で現在まで残っていること自体が、すごいですよね。

門井　原爆ドームは、戦後すぐに取り壊されるはずでした。もはや建物には見えない廃墟で、ほぼ瓦礫でしたからね。ところが「戦争の悲惨さを後世に伝え続けなければいけない」という思想によって、残されることになったのです。残された後も、思想によって擁護され、思想によって批判される度合いが極めて高い建物でした。

「反戦だ」「保守だ」「革新だ」というのも一種の思想の戦いでしたね。そのような時代を経た平成、令和の時代はもはや思想の時代ではありません。私は小説家ですが、文芸の世界一つをとっても、評論家の地位が決定的に下がっています。

奈良岡　確かにそうかもしれません。

門井　昭和時代には平野《ひらの》謙《けん》や小林秀雄、河盛《かわもり》好蔵《よしぞう》といった綺羅星《きらぼし》のような評論家がいました。彼らは単なる評論家ではなく、一種の思想家でした。少なくとも読者はそう信じていた。抽象的思考のすべてを握っている人として、文学者からも一般の人からも仰ぎ見られていたんですね。平成になると変わりました。

奈良岡　むしろ書店員や一般読者の率直な感想や口コミのほうが、本の売れ行きに影響力をもつようになっていますよね。

門井　原爆ドームに対する反応も同じような変化を遂げています。かつて原爆ドームは、政治や社会に関心の高い人たちにとっての思想の対象でした。でも今は、もっとライトな存在、一般の人々の観光の対象になっています。

実際、観光地として考えると、これほど他に類のないスポットはありません。今や原爆ドームの前を、レンタサイクルに乗ったアメリカ人の若い子が通り、「インスタ映えするから」と写真を撮って去っていく時代です。

奈良岡　それはそれで悪い光景ではないように思いますが……。

門井　ただ以前、昔、文部省（現・文部科学省）にいたという方が「原爆ドームは大嫌いだ」と言うのを聞いたことがあります。理由を訊ねたら、「日本国内で国宝にも指定されていないのに、先に世界遺産に指定されたから」だと言うのです（笑）。

私などはどちらでもいいと思いますが、このエピソードはある意味で原爆ドームというものの国内における立ち位置、あるいは国際的な視点でどう見られているか、といったことの一つの象徴になると思います。

奈良岡　なるほど。

門井　その意味では、日本の近代建築のなかで初めて世界性を獲得したのが原爆ドームだったとも言えます。東京オリンピックの代々木体育館よりも前に、はるかに世界から注目を浴びていたのが原爆ドームだった。原爆ドームは現代日本最初の〝世界的建築〟と言っていいかもしれません。

奈良岡　ある意味、大変皮肉な結果ではありますが……。

門井　そうですね。そもそも原爆ドームがあのようなかたちで今日まで残っていることは、数々の偶然が積み重なっての結果です。よく「原爆で広島はすべて灰燼《かいじん》に帰した」と言われますが、銀行の建物などは残っているんです。日銀の広島出張所や広島支店などは、爆心地にわりと近いのに建物が残っています。当時の銀行の建物は、非常に堅牢に造られていたからです。

ですから必ずしも、近代建築がすべて丸潰れだったわけではないんです。そういった意味では、原爆ドームは残り方が極めて特殊だったんですね。適度に堅牢で、適度に脆弱だったとでも言うか……。

アメリカの意向で壊された浦上天主堂

奈良岡　その点で興味深いのは、長崎には原爆ドームに値するものがないことです。ただ実は長崎にも、後に原爆ドームのような地位を獲得し得たはずの建物があったんです。それは浦《うら》上《かみ》天《てん》主《しゅ》堂《どう》[*86]です。あの建物は、ほぼ爆心地の真下にあって壊滅したと言われています。でも実際は壁などがかなり残っていたんです。当然、それらを保存しようという動きもありました。

門井　そうなんですか。

奈良岡　ところが昭和三十三（一九五八）年に、浦上天主堂は取り壊されることになります。それはこの建物が、アメリカがキリスト教を象徴する場所に原爆という極めて非人道的な兵器を使用したことを証明することになり、世界の世論が反米に向かう潜在的な危険性を孕《はら》んでいたからです。そのような事情から、アメリカ側の強い意向によって取り壊されたと言われています。

当時は冷戦の時代であり、人類で初めて原爆を使用したアメリカの非道さや残虐さは、西側陣営における汚点になるという恐れがありました。

門井　思想の時代だったからですね。でも現在では、原爆の悲惨さが必ずしも反米には結びつかない構造になっていますよね。

奈良岡　それはアメリカが、非常にうまくマネジメントをしているからだと思います。実際、浦上天主堂のようなシンボリックな建物を残さないよう圧力をかけた過去がアメリカにはあるわけです。そのため浦上天主堂は、広島の原爆ドームのような形では保存されなかった。その後、昭和三十四（一九五九）年に再建はされましたが、再建の場合はやはりインパクトがかなり薄まります。

門井　再建された建物は、原爆とは切り離されたものになっていますよね。

奈良岡　原爆ドームのような廃墟のままではなく、新しい建物にしたわけですからね。建物を見ただけでは原爆のダメージは、まったく感じられない。戦争の悲惨さの象徴というより、復興の象徴のような感じです。

門井　そう考えると、先ほど原爆ドームをアメリカの若い子が観光で訪れているという話がありましたよね。いい光景だと私も思いますが、それは極めて人工的、思想的にコントロールされた結果とも言えますね。

奈良岡　そういうとらえ方もできますね。今、浦上天主堂の周りは公園になっています。あそこに先ほど門井さんがおっしゃった思想の時代の側面が、浮き彫りになっています。

　浦上天主堂が破壊されたことを反米に利用しようと考えたソ連と東欧諸国が、「彼らの死を悼《いた》みます」という石碑をたくさん立てているんです。当時は、冷戦が世界を大きく規定していた時代ですからね。

門井　なるほど。

奈良岡　表向きは「長崎の犠牲者を悼む」という文言を掲げつつ、他方でアメリカの残虐性をも浮かび上がらせて、反米意識を高めようとの東側、ソ連陣営の思惑があるわけです。

門井　そもそも浦上天主堂の成り立ち自体にも、日本のキリスト教の歴史上重要な意義が含まれていますよね。

　というのも、幕末の元治《げんじ》元（一八六四）年に来日したフランスの宣教師によって大浦天主堂が造られたとき、それまで二六〇年間も隠れキリシタンとして生き延びてきた民らがこの天主堂にやってきて、信仰を告白するわけです。宣教師は驚嘆しました。これがいわゆる「信徒発見」と呼ばれる出来事で、そこからまた浦上四番崩れ[*87]と言われる新たなキリスト教弾圧の歴史が始まります。

　その弾圧を乗り越えた信徒たちが浦上の地に戻り、二十年余の歳月をかけて築き上げたのがほかならぬ浦上天主堂でした。その意味では浦上天主堂はもともと原爆うんぬんとは関係なしに、世界史レベルで極めて重要な建物ですし、またカトリックの世界においても大きな意味のある建物といえます。

奈良岡　おっしゃる通りですね。

効率を重視する近代が捨てたドーム建築

門井　その点では原爆ドームには、宗教色がなかったから保存できたとも言えます。

奈良岡　だからアメリカも許容できたわけですね。当時の日本の政権も、アメリカを刺激したくなかった。また左派を勢いづかせるような政治的インプリケーション（含意）もできるだけ持たせないかたちにしたかった、ということなんでしょう。

門井　ある意味では、為政者によって残ることを許されたわけですね。その意味では、最初に申し上げた「原爆ドームは思想の時代のシンボルだ」という話もそれほど的外れではないのかもしれません。

奈良岡　一方で、平和運動のために、「この建物について語り続けなくてはいけない」という強固な運動の論理も、保存に携わった人たちのなかにはありました。そのような平和思想、冷戦という現実、保守政権やアメリカの意向といった複合的な力の均衡のなかで残った建物ということになるのだと思います。

門井　建築の面から言うと、広島県産業奨励館が建った頃は、日本の近代建築史のなかで

「ドーム建築」はすでに時代遅れになりつつありました。ドームが時代の脚光を浴びていたのは、明治三十年代くらいまでではないでしょうか。

奈良岡　そうですよね。

門井　明治四十年代から大正時代になると、ビルディングの時代になっていきます。そうなると一番大切なのは、装飾ではなく空間効率です。ある空間のなかでどれだけ多くの仕事ができるかが重要になってくる。もはや今の我々のビルディング思想とまったく同じですよね。したがって東京では、大正時代にはこういう大きなドームはほとんどなくなっています。

奈良岡　日本の近代のドーム建築は、巨大なものでは明治二十四（一八九一）年に竣工したニコライ堂[*88]が最初ですよね。

門井　はい。その後、ドーム建築が各地で建てられました。横浜正金《しょうきん》銀行本店（現・神奈川県立歴史博物館）のドームはその頂点にあるものです。大正時代に建てられた東京駅は若干時代遅れ気味です。あれは辰野金吾が建築家として、時代遅れになりつつあるなかで造った建物なんです。

言ってみれば、我々が近代建築のなかで効率が悪いからと捨ててしまったはずのドームが、戦後になって平和を願う象徴として復活をしたわけです。しかも興味深いのは、あの建物は一回も自ら「原爆ドーム」と名乗ったことはないことです。人々が「原爆ドーム」と呼んでいたのが、いつの間にか定着し、それが正式名称になってしまったわけです。

奈良岡　なるほど。

門井　その後に「原爆ドーム前」という市電の駅もできます。そういう意味では、名前自体は極めて非思想的というか、草の根的に生まれたものなんです。

奈良岡　産業奨励館が造られた時代にはすでにドームは時代の象徴でも何でもなかった。それが戦後になって「ドーム」と呼ばれ、世界中から注目されるようになったというのはおもしろいですね。

門井　今、我々がドームと言ったら、普通は東京ドームや札幌ドームのような施設を指しますが……。歴史的には、「ザ・ドーム」といえばやはりあの鉄骨むき出しの原爆ドームになるのでしょう。建築史から見ても非常におもしろい建物です。産業奨励館だったのだから、当時としては最新の空間効率を誇っていたはずですしね。

奈良岡　そうですよね。

門井　地方の建物なので若干、中央とはタイムラグがあり、流行が遅れて入ってきた面があるかもしれません。それが結果として、視覚的に極めて特異なデザインを生んだとも言えます。

奈良岡　原爆ドームのドーム部分は、確か正円ではなく楕円形なんですよね？

門井　そうそう。本《もと》安《やす》川に対して若干、横に広いんですよね。

戦後の覇権を握るために落とされた原爆

門井　戦前の地図を見ると、広島市は極めて典型的な近世都市なんです。三角州を埋め立てた土地に、縦横の道が整然と走っています。そして本安川の三角州のてっぺんあたりに産業奨励館がありました。昭和四（一九二九）年の地図には物産陳列館と書いています。この建物はチェコ人の建築家、ヤン・レッツェル[*89]が設計したものです。

　また地図を見ると近くに練兵場があることが分かります。これはやはりアメリカから目を付けられるでしょうね。とはいえアメリカも、原爆を落とすことには当然、躊躇もあったのでしょうけど。

奈良岡　無差別爆撃は非人道的であるという認識は、アメリカ側も持ってはいました。原爆を落とすことに対しても、事前にアメリカの科学者、物理学者たちにアンケートが行われています。「原爆を落とすことは許されるか？」という質問に対して、大多数の科学者の答えは「ノー」でした。

門井　アインシュタインだけではないんですね。

奈良岡　八、九割の科学者が反対しています。人が住んでいない砂漠や離島に原爆を落として、「降伏しないと、こんなことが日本の都市で起こるぞ」と威嚇《いかく》のために使えばいい、という意見もあったようです。

一部の政治家もそうだし、学者は概ねそういう意見でした。でも軍人と政府のトップにいた人たちは、政治的効果を狙い、広島、長崎への原爆投下を決断します。原爆を初めて使用した国家が、戦後に覇権を握れることは明らかですからね。またせっかく莫大な予算をつぎ込んで造ったものを使いたいという思いもあったのかもしれません。そして実際に、地形的に効果が確かめやすい都市に落としました。

昭和二十（一九四五）年七月末の時点で長崎、小倉（現・北九州市）、広島、京都、新潟の五カ所のどこかに落とすという命令書にトルーマンがサインをしています。あとは気象条件や当日の状況を見て広島、長崎に落としたわけです。ある程度の偶然性も絡んでいるわけですが、やはり軍事拠点が多く存在するという点は、原爆投下の決定者たちのエクスキューズになったわけです。

門井　確かに今、挙げられた五カ所のうち京都以外は、すべて軍事拠点がありましたね。

奈良岡　京都は盆地なので、効果が確かめやすいという技術的観点からのメリットがありました。ただ文化遺産も多く、国際的な批判が起きる可能性がある。そこで新潟、広島、長崎、小倉の四つに絞られました。そして一発めは広島に落とし、二発めは本当は小倉に落とすはずだった。でも当日、雲がかかっていてよく見えなかったので、長崎に落とすことになったんです。

門井　ソ連を意識した面も大きいですよね。

奈良岡　アメリカはソ連も原爆の開発を進めていることを知っていましたから、ソ連より先に使おうという意識があったと思います。しかもそれが戦争を終わらせる決定打だということになれば、アメリカは戦争勝利の大義を獲得できるわけですからね。

門井　戦後の日本占領の主導権を握りやすくなると。

奈良岡　はい。それと昭和二十（一九四五）年の二月にヤルタ協定[*90]を結び、アメリカはソ連が近々対日参戦することを知っていました。ソ連が参戦すると満州や樺太、千島はソ連のものになります。
だからソ連が参戦する前に決定的な打撃を日本に与えて、降伏を確実にしたかったのです。原爆投下には、ソ連の参戦を阻止するという目的もあった。そしてアメリカの核の傘の下で、世界秩序が担保される状況をつくりたかったということだと思います。

門井　そう考えると我々は今、何となくアメリカ文化のなかにいて、アメリカにシンパシーを感じていますが、そもそもは冷戦イデオロギー時代の高度な政治的判断に基づいた世界のなかで生きているわけですね。そのことに我々は気がついていない、あるいは意識的に忘れさせられたのかもしれませんね。

奈良岡　そう思います。

門井　そして結局、戦後もソ連とアメリカは月開発で同じことをやるわけですよね。アポロ11号の月着陸やテレシコワ[*91]の「ヤー・チャイカ（私はカモメ）」の話も、米ソの争いが月に移っただけともいえます。先ほど私は「現代は思想喪失の時代だ」と言いましたが、政治の今後の進み方によっては、また揺り戻しがあるかもしれませんね。

奈良岡　そうかもしれません。ただ宇宙に関しては今や米ソではなく、米中の争いになっています。久々に月に人間を送り込んだり、人が行ったことがない月の裏まで行ったりするなど、中国がかなり野心的な計画を進めていますね。

門井　今、宇宙で行われていることも、冷戦時代と変わらないのかもしれないですね。

奈良岡　米ソが米中になり、ちょっとやり方が変わっているだけというふうに言えるかもしれません。

コンクリートの天守閣は戦後復興の象徴だった

門井　原爆ドームの話から、話題が宇宙にまで広がってしまいましたが……（笑）。

奈良岡　それではもう一度、建築の話に戻しましょう（笑）。

私は昭和の戦後を代表する建物として、昭和三十四（一九五九）年に再建された**名古屋城の天守閣**を挙げたいと思います。江戸時代に建てられた名古屋城の天守閣は、江戸城や大阪城にもひけをとらない非常に大きなものでした。江戸城と大阪城の場合は江戸時代に火災や落雷によって焼失しましたが、その後も名古屋城だけは残っていました。

門井　明治維新以降は、各地の天守閣が破却されますね。

奈良岡　そのなかでも名古屋城の天守閣は、幸運にも残されていました。当時、現存する

名古屋城天守閣（右。1612年完成、昭和34年再建）と、
本丸御殿（左。1615年完成、平成30年再建）

天守閣としては一番大きいものだったと思います。ただ残念ながら、昭和二十（一九四五）年の空襲で焼失してしまいます。

門井　そして戦後、地元商店街の尽力などによってコンクリート造りで再建されるわけですね。

奈良岡　戦後、天守閣の再建が復興の象徴として全国的に盛り上がった時期があります。戦後の復興天守閣第一号は、昭和二十八（一九五三）年の富山城です。第二号が翌年の岸和田城でした。小さい都市の方が、再建へのモチベーションが高かったのかもしれません。

その後、昭和三十四（一九五九）年に名古屋城が再建されます。もう復興が一段落ついて、昭和三十一（一九五六）年に「もはや戦後ではない」という有名な経済白書が出た後のことです。
その時、二度と焼失しないようにと天守閣はコンクリートによって頑丈に再建されました。当時、コンクリート建築には非常にポジティブな意味合いがありました。コンクリート建築は、モダンの象徴だったのです。

門井　現代の我々だと、天守閣がコンクリート造りだと、がっかりしてしまいますが……。

奈良岡　だから我々の時代の人間が名古屋へ行っても、「見るものがない」となってしまう(笑)。「城は立派だけど、しょせんコンクリート造りだし、エレベーターで上がっても味気ない」となるわけです。再建当時とは、コンクリートの建物に対するとらえ方が、一八〇度変わってしまっているんですね。
ただ最近になって名古屋市の河村たかし市長が、木造で天守閣を再建することを提案しています。今の天守閣はもはや古くて耐震性がないし、何よりも観光の目玉を作りたいからです。

門井　実現すれば、まあ観光客も集まるでしょうね。

奈良岡　木造であれだけ大きな建物を造ることができれば、かなり画期的なプロジェクトになるでしょう。でも実際には石垣がかなりダメージを受けていたり、「コンクリートの天守閣も味がある。当時、ポジティブな意味づけがあった建物を壊すのは乱暴だ」などといった反対意見が出たりして、現在は計画が宙に浮いているようです。

そのような現状のなかに、今では我々の記憶からなくなってしまった戦後復興時代の考え方や時代状況と、現代人の感覚の差を見ることもできるのです。

日本人は建物を壊すことに抵抗感がない

門井 本丸御殿のほうは、木造で再建されたんですよね?

奈良岡 ええ。木造による本丸御殿の工事は二〇〇九年に始まり、最近終わりました。これもおもしろいところで、お城の再建というと多くの人は天守閣をイメージしますよね。シンボリックな建物なので当然なのですが、実は居住空間としては、あるいは政治的、社会的には本丸御殿のほうが大事だったはずなんです。

門井 その通りです。

奈良岡 ところが本丸御殿はことごとく壊され、再建されていません。最近になって熊本城や名古屋城が本丸御殿を再建するなど、ようやく顧みられるようになってきました。

門井　高知城みたいに、もともと残っているところもありますね。

奈良岡　前に話に出た「洋館は残すけど、和館は壊してしまう」といった風潮に近いかもしれません。

本丸御殿は、実は全国にもっと数多くあったのだと思います。でも人々が保存すべきものだとは考えていなかった。だからすぐに壊され、再建もされなかったのでしょう。

門井　本丸御殿が、機能として実際に使われていたのは当然、徳川時代ですよね。でも徳川時代は火事が多かったので、そもそも江戸城であっても本丸御殿自体が仮初《かりそ》めのもの、惜しむに値しないもの、というふうに考えられていた部分はあったのではないかと思います。

奈良岡　なるほど。それは一理あるかもしれません。

門井　それは明治になっても大正になっても、ずっと日本人の意識に残り続けていたのだと思います。だから建物を壊すことに対して、日本人は基本的に抵抗感が少ないのではないでしょうか。

広島城は戦時中、すぐに軍事施設になったし、佐賀県の唐津城は明治になって、本丸御殿を耐恒寮《たいこうりょう》という学校にしました。高橋是清《たかはしこれきよ》を東京から招き、そこで洋学を教えたんですね。
　最近までお殿様が住んでいた建物を庶民に開放し、辰野金吾《たつのきんご》のような身分の低い半士半農の人間が出世できるようにした。これは明治時代の人々の教育に対する熱意の表れともとらえられますが、もともと本丸御殿という建物自体を、そこまで聖なるものとは見ていなかったのではないかとも思うのです。

奈良岡　なるほど。確かにそのような面はあるかもしれません。

帝冠様式の県庁と名古屋城天守閣の再建

門井　名古屋城の再建に話を戻しましょう。名古屋では戦後、昭和二十九（一九五四）年には市民による名古屋城再建のための基金が作られています。そして昭和三十四（一九五九）年には天守閣を再建します。この話を聞いて、驚くとともに、ものすごくおもしろいと思いました。
　というのは、戦前の**愛知県庁本庁舎**が帝冠《ていかん》様式になっているからです。帝冠様式は、世界史のなかでも昭和初期の日本にしかない独自の近代建築の様式です。東京で一番有名な

愛知県庁本庁舎（昭和13年竣工）

のは、東京国立博物館（台東区上野公園）の本館ですね。

昭和初期の建築界は、ビルディングで空間効率を追求しながらも、戦争に向かって日本主義、保守思想が高まっていきました。そこでビルに無理矢理、和風の屋根をかけたりする帝冠様式が流行《はや》ったのです。躯体《くたい》はビルなのに、伝統的な切妻《きりづま》だったり、末広がりの神社みたいだったり。

奈良岡　満州によくあった建物みたいな感じですよね。

門井　そうです。そして愛知県庁が完成してからわずか二〇年後の戦後復興の象徴として、名古屋の人たちは鉄筋コンクリートの天守閣を造りあげたわけです。

これは発想としては、ほとんど帝冠様式と同じだと思うのです。そのメンタリティーがすごくおもしろいと思いました。当時の名古屋の人たちは、自分たちは時代を戻したとは思っていないはずです。むしろ進めたと思っていたのでしょう。

奈良岡　愛知県庁本庁舎は、何年の築ですか？

門井　昭和十三（一九三八）年だったと思います。

奈良岡　名古屋城は、お城として初めて、昭和五（一九三〇）年に国宝に指定されましたよね。

門井　はい。お城と県庁は隣接していますね。

奈良岡　愛知県庁は帝冠様式のなかでも、とくにお城的な要素が強い建物ですよね。屋根が天守閣のようです。

門井　鯱《しゃち》のようなものがのっています。

奈良岡　おそらく名古屋城と近いこともあり、景観の調和や統一性を考えて造られたのだと思います。

門井　そうでしょうね。

奈良岡　かつて名古屋の中心部には木造の天守閣があり、その隣に帝冠様式の愛知県庁があった。さらにその隣にも同じく帝冠様式の名古屋市役所があった。その後、戦災によって天守閣が焼失してしまう。そして戦後、コンクリート造りの、周囲の帝冠様式と同じ装いの天守閣を再建したということになりますね。

門井　戦争をはさんで極めて短い間に名古屋城の国宝指定、愛知県庁の建設、そして戦後の天守閣再建という、三つの大きなトピックスがある。名古屋は一国の象徴ですね、この点で。

奈良岡　名古屋城は明治維新後に陸軍省の所轄施設、のちに宮内省所轄の名古屋離宮となったので、一般人は基本的には内部を見学できませんでした。それが昭和初期、国宝指定の前後に一般に公開されます。

門井　大阪城のように戦前から再建されているところは別として、お城の公開としては全国的にも早かったんでしょうね。

城があるだけで街全体の魅力が増す

奈良岡　大阪城の天守閣が再建されたのは昭和六（一九三一）年のことでした。当時の關《せき》一《はじめ》市長の提案により、昭和天皇の即位記念事業として大阪城公園の整備が進められました。当時は大大阪《だいおおさか》時代[*92]で、一時は東京よりも人口が多かったんですよね。そんな時代に市民から募金を募り、「大阪を盛りあげる」プロジェクトとして、江戸時代初期以来失われていた天守閣が再建されたわけです。

門井　戦前の鉄筋コンクリート建築によってですね。

奈良岡　ええ。鉄筋コンクリートによる復興天守閣第一号が大阪城です。そこにはおそらく、日本主義や国威発揚といった思想的な要素もあったのでしょう。

門井　かたちを変えた帝冠様式ですね。

奈良岡　ある意味でそうでしょう。復興天守閣の流れは、昭和初期の日本主義的な風潮のなかで最初の波がありました。さらに戦災によって焼失した天守閣を戦後復興のなかで再建するという、二つ目の波があったわけですね。

門井　戦後に鉄筋コンクリートで再建された天守閣のほとんどは、内部が博物館になっています。たいてい急な階段があって、二階、三階に展示室があり、一番上が展望台になっています。回廊をぐるっと歩きながら、欄間《らんま》越しに三六〇度の街が見える。それがお決まりの構造です。

それ以外に使い道がないのかもしれませんが……。ただ天守閣って本来は内部を使うものではなく、外から見ることが大切な建物なんですけどね。

奈良岡　私は以前、岸和田城の殿様だった岡部家について調べたことがあります。昭和二十年代後半、岸和田市の財政は非常に厳しくて、鉄筋コンクリートの天守閣を造ることは非常に大変なことだったようです。

当時、岡部家の当主で、岡部長景《ながかげ》*93という人がいました。彼は東条英機《とうじょうひでき》内閣で文部大臣を務めたため、国の補助金の流れをよく知っていたんです。それで、「天守閣を再建する」というだけでは補助金が下りないので、「自分たちはあくまで図書館を造ります。たまたまかたちが天守閣なだけです」という言い方で補助金を申請した（笑）。

門井　なるほど。その手があったか（笑）。

奈良岡　そういうロジックで補助金をもらい、再建に成功したというエピソードが岸和田に伝わっているのです。そして実際に建物ができあがると「これは天守閣です」とアピールし、地元では復興のシンボルになったわけです。

門井　その話を聞くと、何だか明確な「お殿様」がいるほうが、天守閣は再建しやすい気がします。

奈良岡　そうかもしれませんね。

門井　私は宇都宮の出身なのですが、宇都宮の殿様は江戸時代を通じて何度も変わっているんです。江戸から見れば、宇都宮は東北地方への玄関口なので、北に対しての守りの重要な役目があります。だからたとえ四万石の地だとしても、必ず譜代大名が殿様となっていたのです。その殿様は将来的には、しばしば幕府の大目付などの老中になります。要は高級官僚の人事異動と一緒で、偉い人が次々と殿様になっては変わっていくのです。あるときは奥平氏、あるときは戸田氏……。

奈良岡　それでは住民が混乱するし、お城への愛着も生まれにくいですよね。

門井　しょせん雇われ社長が住んでいる家みたいなものですからね。そうなると宇都宮市民にとって、宇都宮城はそれほどシンパシーの対象にはならない。誇りにもなりにくいですね。やはり建物というものは、そこに関わる人を通じて初めて愛着が湧くものであって、殿様の顔が見えないと家紋付きのお城にはならないわけです。

奈良岡　国宝の松本城などは、明治維新の後に取り壊す話になったところを、地元の篤志家が資金を集めて買い戻し、整備をしました。それが今ではたくさんの外国人が集まる観光名所になっています。

門井　お城が一つあるだけで、街全体の魅力はグッと増しますからね。全国で一斉に天守閣が再建された理由も、まさにそこにあるのでしょう。ただ先ほども言ったように、歴史的に重要なのは天守閣よりも本丸御殿です。この点は非常に重要なのですが、本丸御殿を再建しようとする人はほとんどいません。

奈良岡　本丸御殿は、やはり天守閣より地味ですからね。

観光資源としてのお城ということで言えば、関西では最近、竹田城[*94]はとても人気がありますよね。兵庫県の古城山（虎《とら》臥《ふす》山《やま》）山頂にある「天空の城」です。天守閣がない山城が、多くの人々のロマンを掻き立てているようです。

門井　竹田城には私も旅行で行きました。あれは下から見ると、山そのものが巨大な天守閣に見えるんですよね。だから外から見ると、ものすごくロマンを掻き立てられるんです。でも実際にお城自体に行くと、それほどおもしろいわけでもない（笑）。

旧国立競技場（昭和33年完成。平成26年に閉鎖、解体）

奈良岡　なるほど。

門井　見晴らしは、すごくいいんですけどね。

昭和のオリンピックのレガシーをどう考えるか

奈良岡　私は戦後を代表する建築としてもう一つ、昭和三十九（一九六四）年の東京オリンピック会場として建設された**国立競技場**[*95]を挙げたいと思います。私自身は国立競技場について、決して詳しいわけではありません。それでも二〇二〇年の東京オリンピックを控えた今、この建物は外せないと思いました。

門井　なんといっても昭和の東京オリンピックを象徴する建物ですからね。

奈良岡　ということは同時に、日本の高度経済成長の象徴でもあります。高度経済成長期の日本では、競技場や体育館がたくさん造られました。日本武道館が造られ、ニューオータニのようなホテルも多数建設されました。羽田空港や新幹線、首都高などの交通インフラが整備され、東京というエリアが拡張されました。

門井　現在の東京は、あのオリンピックによって造られたといっても、過言ではありません。

奈良岡　そしてオリンピックを控えた今、「あの夢再び」という期待感や幻想を抱いている人もいます。でも、今はもはやそんな時代ではありません。昭和の時代と同じことはもう起きないし、できません。

そして東京オリンピックの時代に建てられた多くの建物が今、老朽化しています。今とは建築の思想もまったく違うため、レガシーではあるけれど、お荷物にもなっているわけです。

門井　結局、昔の国立競技場は壊されて今、新しい競技場が造られましたよね。

奈良岡　それで良かったのか、他になにか良い方法があったのか。正直、私にも正解はありません。いずれにしろ前回のオリンピック時に造られた建築物、レガシーをどう考え、どうしていくのか。それは今後の日本の進路、日本人の生活や社会・経済のあり方と直結する重要な問題だと思います。

門井　それについて言うとすれば、我々日本人の潜在的な意識として、今よりも当時のほうが、現状を変えることに躊躇がなかったことは間違いありません。「過去のものを壊して新しいものに変えることが正しいんだ」という思い込みは遥かに強かったと思います。

奈良岡　私もそう思います。実際、当時の東京ではとんでもない大改造が行われたわけですから。

門井　一番驚いたのは、渋谷区神宮前の仙寿院《せんじゅいん》交差点です。あそこはもともと仙寿院のお墓があったのに、オリンピック街道を造るにはお墓にぶつかるということで、お墓を無理やり上に移動させ、その下をトンネルにした。埋葬という概念はどこへ行ったのか（笑）。

　だから今でも東京の人は、あれを「お化けトンネル」と言うそうです。さすがに現在ではできないんじゃないでしょうか（笑）。

奈良岡　お墓をリフトアップしちゃったわけですね。

門井　もちろん当時も反対はあったでしょう。でも、それを押しのけてやり遂げてしまうだけの未来への確信があったわけです。

その未来への確信は、六年後、昭和四十五（一九七〇）年の大阪万博においても強烈でした。

奈良岡　当時の建物は良くも悪くも、圧倒的な存在感をもっていますよね。

門井　意識のエネルギーの強さにおいて、我々は六〇年当時に確実に負けています。我々のほうが洗練されている、成熟しているという言い方はもちろんできるわけですが……。いずれにしろ、当時より圧倒的に弱い我々のエネルギーで、当時のレガシーを変えることができるのか、といった問題がある。

さらに代々木自体はオリンピックがあった六〇年代に、すべてが新しく整備されたわけではないですよね。例えば神宮球場などは、大正十三（一九二四）年に造られているわけです。

奈良岡　戦前から六大学野球は、そこでやっていますからね。

門井　つまり、必ずしも東京オリンピックが来たから、代々木が体育の街になったわけでもない……。

奈良岡　そうですね。

門井　もともと戦前にも、オリンピックの話はあったわけですが。

幻のオリンピックでできなかったことを戦後に実施

奈良岡　昭和三十九（一九六四）年の東京オリンピックは、もともと昭和十五（一九四〇）年に予定されていた幻の東京オリンピックでやろうとしていたことを実施した、という側面があると言われています。本当であればこの年、東京オリンピックと札幌での冬季オリンピック、それから東京での万博が同時に行われるはずでした。

　ところが日中戦争が始まって物資不足になったため、日本はオリンピックを返上します。万博も中止にしました。その代わり戦意高揚の意味合いもあり、昭和十五（一九四〇）に皇紀二六〇〇年祭[*96]を開催したのです。

　そして戦後にもう一回オリンピックをやらせてほしいと日本が立候補し、昭和三十九（一九六四）年に実現します。その時に、昭和十五（一九四〇）年のオリンピックのために考えていたことや様々なノウハウが生かされるわけですね。さらに大阪の万博が昭和四十五（一九七〇）年、札幌での冬季オリンピックが昭和四十七（一九七二）年に開催されます。

門井　戦前にやれなかったことを一つずつ実現していったわけですね。それが戦後だいたい二〇～二五年経た頃に集中したと。

奈良岡　あと昭和四十三（一九六八）年には、明治一〇〇年記念式典が開催されました。こちらも昭和十五（一九四〇）年に開催された皇紀二六〇〇年祭を参考にしています。国家的な建国の神話を祝うイベントとして問題意識は通じるし、やり方も真似たところがあるようです。

門井　なるほど。

奈良岡　記念式典に合わせて日本武道館で一万人を集め、天皇皇后両陛下も臨席して大々的に開催されました。記念切手やワッペンが発売され、都電の記念乗車券も発行されました。

また当時の佐藤栄作首相が、明治一〇〇年を記念するスピーチを様々な場所で行いました。それに対して当時、左派から「明治一〇〇年」というのは戦前への復帰だという猛烈な批判があったんです。

社会党、共産党は記念式典を欠席し、学者たちは「明治一〇〇年反対」というアピールをしました。佐藤首相はそれに対抗し、「我々は偏狭なナショナリズムの時代に生きているんじゃない。今やこの国家意識を世界中に広げ、さらに宇宙へと拡大する時代なんだ」

といった壮大なことを言うわけです。

門井　思想の時代だ（笑）。それは同時に普遍性の時代、世界意識の時代でもあったんですね。

奈良岡　そうかもしれませんね。

門井　そうして世界意識のほうは、交通、通信の発達により、ある程度実現してしまったところがある。我々のもつある種の無気力さも、そこから出てきているのではないでしょうか……。

奈良岡　私は政府の仕事をお手伝いした関係で、二〇一八（平成三十）年に開催された明治一五〇年の記念式典に参加しました。一〇〇年の時とは対照的に、盛り上がりに欠けるイベントでした（笑）。出席者は三〇〇人ほどで、天皇皇后両陛下はおろか、皇族は一人も出席しませんでしたからね。

　明治一〇〇年の時は一時間ほどの式典だったようですが、明治一五〇年の式典は二〇分ほどで終わりました。安倍首相のスピーチはある意味ではバランスがとれていて、「歴史の光と影、両方を見ないといけない」といったことをおっしゃっていました。佐藤首相のような壮大なことは言いません（笑）。

門井　まさに成熟ですね。でも現代の我々より、明治一〇〇年の時の人々のほうが、明治という言葉を嫌っていたはずですよね。

奈良岡　そう思います。

門井　だから佐藤首相は、明治の光の部分を声高にアピールしなければならなかったのでしょう。我々は明治という言葉に、かつての左派のようなアレルギーはもっていません。どちらかというと、好感をもっている人のほうが多いのではないでしょうか。だから逆に影があるということも言いやすいわけですね。今のお話は、昭和と平成の時代の、明治に対する意識の差を、非常に分かりやすく表しているエピソードだと思います。

平成を象徴する六本木ヒルズは内向きの建物

門井　続いて平成時代を代表する建築について語り合いたいと思います。私が平成の建物としてまず挙げたいのは、平成十五（二〇〇三）年に建てられた**六本木ヒルズ**ですね。これまでの話の流れで言うと、六本木ヒルズからは〝世界へ発信する〟というスタンスは感じられません。

六本木ヒルズ（平成15年竣工）

つまり明治一〇〇年祭的ではない。むしろ逆に、日本中から注目を浴びようというある意味の「内向きさ」を感じます。

奈良岡　なるほど。

門井　何といっても象徴的なのが、ヒルズ族[*97]です。六本木ヒルズは最初からヒルズ族をターゲットに建てられたわけではありません。ただ我々がもつ素朴なイメージで言えば、六本木ヒルズを象徴するのはヒルズ族です。

「あそこに住んでいる人ってお金持ちだよね」「ＩＴで成功した成功者が住んでいる場所だよね」といったような羨望と嫉妬の対象になり、ヒルズ族という言葉すらできる現実がまずあったわけです。

これはまさに外側から内側へと視線を集めるベクトルですよね。そう考えると他もみんな同じなんです。まず大前提として、六本木は都内最後の一等地です。そこにグランドハイアットや一流ブランドなどのテナントを集めるわけです。

奈良岡　六本木ヒルズは複合商業施設で、企業と商業施設、居住空間などが組み合わさっていますね。

門井　ハリウッド化粧品、ロレックスなども入っています。

奈良岡　テレビ朝日も入っていますよね。

門井　ネットが普及するまで平成時代の一番の花形企業だったテレビ局が入っている。これは象徴的だと思います。

つまり、高給のセレブたちが住み、花形企業や高級な店が入っている場所であるということ。そしてもう一つ忘れてはならないのは「森アーツセンター」。これも芸術面での花形ですね。ちなみに森アーツセンターの理事長の壬生《みぶ》基博《もとひろ》さんは、昭和天皇の孫に当たられる方で、戦後に臣籍降下されました。先ほどの「一五〇年式典」にも出席されなかったのでしょうが、嫌みのないお人柄で、この点では「ヒルズ族」のイメージではない（笑）。

奈良岡　なるほど。

門井　とにかく日本中から視線を集めることに関して、これ以上のものはないわけです。東京の人だけでなく、日本中の人が六本木ヒルズの存在を知っています。平成の民間建築の名前で、一番よく知られているのではないでしょうか。

もう一つ、昭和と平成の大きな違いは戦争の有無です。戦争がない時に、人間が死ぬ一番大きな外的要因は災害です。六本木ヒルズはその災害対策も建物としては十分にできているはずです。最先端の耐震技術が採用され、自家発電もある。災害時に活躍するラジオ局としてＪ－ＷＡＶＥも入っています。

奈良岡　ある意味、自己完結できるわけですね。

門井　そういう意味でも「ザ・平成」という感じですね。

また奈良岡さんがこれまで挙げられた建物と対照的に、六本木ヒルズは民間の建物です。この点もある意味で平成を象徴しています。古代や中世では、多くの人が仰ぎ見るような建物を造るのは為政者と決まっていました。近世においても、それは変わりませんでした。

でも平成は良くも悪くも、政治家以外の人間がこれだけ話題を集める建物を造れる力をもった時代なのです。むしろ壮大な建築プロジェクトは、官より民が担う時代になりました。そんな民の力の象徴としても、六本木ヒルズの存在は際立っていると思います。

現代の街並みは再開発によってしか成立しない

門井　六本木という街自体はもちろん、昭和から繁華街として存在感を発揮していました。昭和の六本木を代表するのは、六本木交差点にある喫茶店「アマンド」です。でも六本木ヒルズができてから、かつてほど「アマンド」に、注目が集まることはなくなりました。

　六本木ヒルズの開発には、一七年ほどの歳月がかかったと言います。バブル期には、もう開発が始まっていたわけです。これは先ほどのレガシーをどう残すかという話とつながるのですが、六本木ヒルズのプロジェクトは当初、「六六再開発」と呼ばれていました。六本木六丁目の再開発計画だったからです。

奈良岡　「開発」ではなく「再開発」なんですね。

門井　そこが非常に重要なところです。何もないところに建てるのではなく、既にあるものをどうするか。それこそが、平成以降の我々が直面している重要な課題です。現代の都市においては、もはや何もないところなどありません。再開発というキーワードは六本木ヒルズに限らず、東京全体、また日本の都市のすべてに当てはまります。

平成以降に生きる我々は、昭和のレガシーを壊すにしても、残すにしても、改築するにしても、それらを意識せざるを得ません。これからの街並みは再開発すなわち「リフォーム」によってしか成立しないという点でも、六本木ヒルズは一種の規範になる。

奈良岡　そうなると「もの」というより、自分がいる場所をどうとらえるかといった関係性や視点のようなものが大事になってきますね。

門井　良くも悪くも、これまで話題にのぼった思想やイデオロギー、冷戦といった単純な文脈では語れない世界です。そのような文脈でいくら考えても、六本木ヒルズのことはよく分からないのではないでしょうか。

奈良岡　確かに六本木ヒルズは、昭和の時代の評論家が論じる対象にはなりにくい気がします。

門井　そう考えると、昭和と平成の間にはかなりの断絶があるようにも思います。オリンピックで東京が世界都市になり、漢字の「東京」がローマ字の「TOKYO」になった時点で大きな断絶があるわけですが、「昭和の東京」と「平成のTOKYO」は、ひょっとしたらまったく別の都市と考えたほうがよいのかもしれません。

国や建築家による差が少ない現代建築

奈良岡　六本木ヒルズを設計したのは、アメリカの建築設計事務所「コーン・ペダーセン・フォックス」ですね。

門井　これもおもしろいところで、昭和までは建築家が日本人か外国人かということが、でき上がった建物に対して大きな影響を与えていました。あるいは見る側の我々が、何かしらの先入観をもつ要因になっていました。国立西洋美術館はコルビュジェだからすごい、みたいな感覚ですね。

ところが平成になってからは、外国人であろうが日本人であろうが、造る建物はほとんど違いがなくなってきています。つまり現代建築は、誰が造ってもそれほど差が出ないのです。近代建築までは、国ごとの様式の違いもありましたが、現代建築においてはそのような差もなくなってきています。

ですから、新しい代々木の国立競技場をつくる時に、デザインが変だとか、お金がかかるなどという理由でザハ・ハディッド[*98]さんが叩かれましたが、だからといって「もう外国人を使うな」とはならないわけです。

奈良岡　確かにそうですね。今や外国人も日本人も建築家として、フラットにとらえられています。

門井　現代建築というものが、すでに我々のなかで成熟しているのでしょう。その極めて早い時点での事例が六本木ヒルズだと思います。六本木ヒルズを見て、「建築家は誰だろう」とは専門家を除いて、普通は誰も思わないはずです。

奈良岡　そうですね。

門井　私も思いません（笑）。そうなる大きな要因は、現代建築がコンクリートを主体としたものであるということも大きいと思います。コンクリートは可塑《かそ》性が極めて高く、物理法則に反しなければ、どんなデザインでも可能ですから。

　すると、その国の風土や気候、素材のなかで培われてきた様式は逆に廃れていくんですね。その結果、一種の機能美だけが残る。現代建築における美は、もはや機能美においてしか成立しなくなっているような気さえします。

奈良岡　機能美こそ、どんな国でも通用する普遍性をもつ価値ですしね。

門井　六本木ヒルズは内部に入れば綺麗で気持ちのいい空間ですし、機能的に優れた美しい建築であることは確かです。ただその空間から日本らしさや平成らしさ、といったことはまったく感じません。

現代は戸建てよりマンションのほうがステータスが高い

奈良岡　ちなみに門井さんはレジデンス（住居棟）に入られたことはありますか？

門井　残念ながらありません。

奈良岡　レジデンスには、おそらく日本でもトップクラスのセレブたちが住んでいると思います。ここで注目したいのが、昭和と平成のお金持ちの違いです。

昭和までのお金持ちは大きい屋敷を建てて、使用人がたくさんいて、こんな車に乗っていてと、「個体」として認識されていました。「この人は金持ちだね」「あそこの社長はここに住んでいる」と、邸宅とお金持ち個人とがはっきり見えやすいかたちで存在していたと思うのです。

でも平成の六本木ヒルズでは、随分と様子が変わります。まとまりとしてお金持ちであることは分かるけど、一人の社長の生活や姿は見えにくくなっています。

門井　確かにそうですね。ヒルズ族とは、抽象的な集合名詞です。

奈良岡　もちろん有名な人はたくさんいて、調べればどのような人が住んでいるかはある程度は分かるんでしょうけど……。

門井　非常におもしろい指摘ですが、このことは六本木ヒルズ以外においても広く当てはまることかもしれません。昭和のある時期までは、都市部であっても一軒家をもつことがステータスでした。マンションやアパートなどの集合住宅に住むことは、「ご近所づきあいが大変ね」「お庭もないし」といった感じで、甲斐性がないように言われていた。

　でも今は、むしろ逆ですよね。高級マンションに住んでいるほうが、ステータスは高くなってきていますよね。

奈良岡　そうですね。

門井　特に都心では、そう感じます。一軒家のほうが古いライフスタイルで、ご近所づきあいが大変そうな（笑）イメージがある。六本木ヒルズのレジデンスに住めば、誰かがすべてを管理してくれるし、コンシェルジュもいる。ステータスはこっちのものです。

奈良岡　それこそ明治や大正の別荘地には、マンションに住んでいるお金持ちなんて、いなかったですからね。

門井　大磯でも広大な庭がある一軒家ばかりです。

奈良岡　平成になって、富裕層のあり方が変わったということでしょうね。

門井　あとはやはり、都心で使える土地が減ってきたということも大きいでしょうね。太古の昔から、狭い土地を広く使う方法は二つしかありません。土地を横に広げるか、縦に積むかです。縦に積む方法としては高層ビルを建てるか、地下を掘るかですし、横に広げる方法としては山を崩すか、埋め立てをするかのどちらかです。

土地を広げる手だてには限られたカードしかないのですが、そのカードを極端に使ったのが都市というものだと思います。

奈良岡　六本木ヒルズは縦に積んだ典型的な例ですね。天守閣も高い建物ではありますが……。

門井　天守閣が高いのは、実用的な理由はあまりないですよね。あれは周囲から高く見上げられるよう権威付けで高くしたもので、高くすること自体が目的です。

逆に六本木ヒルズの場合は、あくまで実用性が優先されています。内部にできる限りテナントを詰め込めるようにした結果として、高くなっただけなのではないでしょうか。

奈良岡　天守閣と違い、必要性があっての高さですね。

門井　その意味では、江戸時代の天守閣と六本木ヒルズとでは方向性は正反対です。六本木ヒルズにとって、高さというものは本質的な要素ではない。だからヒルズ（丘）なんですね、マウンテン（山）じゃなくて（笑）。

統一性、秩序的な美に欠ける東京の街

奈良岡　六本木ヒルズについてはもう一つ、気になることがあります。六本木ヒルズ単体の統一性については、非常に意図的な街づくりが行われています。いっぽうで六本木ヒルズと、その外側にある街との関係は、あまり考えられていない気がするのです。

門井　なるほど。

奈良岡　例えばヨーロッパの街は、高さ制限や建築基準がとても厳しいですよね。そのために住んでいる人は苦労するのですが、その代わり、街としての統一性や美しさが保たれています。そこは日本の都市より圧倒的に優れています。その点、日本の都市は統一性がなくてバラバラです。個々に見るとおもしろい建物や綺麗な場所はあるけれど、街全体を

見ると決して美しいとはいえない。
六本木ヒルズも単体で見れば綺麗だし、迫力があって素晴らしいと思います。でもその周囲の街全体とともに見ると、街としての美しさや統一性はない。カオス的なおもしろさはあっても、秩序的な美には欠けています。

門井　六本木は、その典型的な場所かもしれません。

奈良岡　六本木に限らず、東京のあらゆる場所で、このようなある特定のエリアだけの開発が盛んに行われています。でも建物や開発プロジェクト同士の関係性は、あまり考えられていない。そこが東京を始めとした日本の都市の最大の弱点ですね。

門井　全国的にそうだと思います。東京などは、まだ開発のサイクルが速いだけマシかもしれない。

奈良岡　そうかもしれません。このような分断された開発が、今後どうなっていくのか、ちょっと心配です。

門井　確かにそうですよね。六本木ヒルズだけが独立国みたいになっていますからね。

奈良岡　完結性があって、素晴らしいとは思うのですが……。

門井　日本庭園（毛利庭園）まである。

奈良岡　言われてみれば、現在の六本木は首都高をはさんで、六本木ヒルズとミッドタウンとで完全に分断されてしまっています。

門井　ひょっとしたら、東京という街全体が分断されているのかもしれません。渋谷や新宿、銀座や丸の内、秋葉原という街がそれぞれにあるといった感じで……。

奈良岡　「東京」という一つの街は、ないと言っていいかもしれませんね。

門井　完結性が高い割に、周囲と調和していない建物。それらによって構成される、完結しているけれど調和のない街。その集合体が、東京だとも言えます。

　こうなってくると単に建物だけの問題ではなく、日本人の地理感覚そのものの問題にもなってきますね。

奈良岡　例えば今、六本木ヒルズがある場所はいくつかの藩邸の跡ですよね。メインは長府毛利家の藩邸です。かつては霞が関や丸の内などにも、いろいろな藩邸がありました。江戸時代はそれらの風景にある程度の統一性があって、今よりももっと綺麗な美しい街並みだったと思います。

　その江戸時代の街としての美しさは、身分制度を始めとした封建制度と裏腹の関係にあります。だから手放しで礼賛するわけにもいきませんが。

門井　規制や自由の制限なしに、美しい街並みは造れませんからね。

奈良岡　ただ明治維新によって封建制度の桎《しっ》梏《こく》から解き放たれ、一五〇年を経た街の姿が今の東京なのかと思うと、何ともいえない気持ちになります。

果たして近代化というものは本当に良かったのだろうか。そのような感慨にさえ陥ります。もちろん一部の人たちが主張している江戸時代礼賛の流れに与《くみ》する気は、まったくないのですが……。

門井　よく分かります。町人は町人地にしか住めないというように、身分によって厳格に区切られていたからこそ、そして自由が制限されていたからこそ、江戸はある意味で美しい街並みを維持できたわけですからね。

ただ、どんなに江戸時代の「もの」に素晴らしい点があったとしても、それを現代の我々がそのまま直接、参考にしたり、取り入れることは難しいと思います。そこが悩ましいところです……。

奈良岡　同感です。とはいえ現在の東京の街並みを見ると、あまりにも自由すぎるというか、もう少し規制があってもいいのではないかと思うこともあります。

門井　美とは強制なり、ということですね（笑）。

首相の権限強化を象徴する新しい首相官邸

奈良岡　昨年（二〇一九年）は令和への改元がありました。平成時代がどんな時代だったのかを改めて振り返ると、世界的には湾岸戦争やイラク戦争、テロの問題があり、東アジアにおいても北朝鮮の核や中国の軍拡の問題はありました。とはいえ日本が大きな戦争に巻き込まれるようなことはありませんでした。

冷戦が終結して国内では五五年体制が終わり、バブルが崩壊しました。それまでの常識、社会の構造が変わらざるを得ない状況のなかで、政治も経済も改革が叫ばれ続けられた三〇年でした。

門井　でも抜本的な改革は、何も行われていませんね。

奈良岡　結局、手続きや書類上の細かな改革ばかりあげつらわれてきただけで、何ら抜本的な改革は実現できていない。平成は改革の挫折の時代だったとも言えます。

現在の日本は国の借金が一千兆円と、世界史上まれに見る大借金国家です。「日本は絶対破綻しない」という人もいますが、これが健全な状態だとは私にはどうしても思えませ

旧首相官邸（現・首相公邸。昭和4年完成）

ん。この問題一つとっても、大きな問題が解決されないまま積み重なってきた。それが平成という時代だったのだと思います。

門井　そうですね。

奈良岡　それを踏まえて改めて建築を眺めてみると、政治に関係する建物からも、平成という時代を象徴する要素が見て取れるのではないかと思います。

　まず一つめは**首相官邸・公邸**です。ともに隣接する建物で、首相は官邸で公務を行い、公邸に居住します。日本で一番最初に首相官邸・公邸ができたのは、昭和四（一九二九）年のことでした。立憲政友会の田中義一内閣の時、もともと鍋島家の邸宅だったところに造られたのです。これは政党政治が発展し、内閣の役割が明治憲法体制のなかで大きくなっていったことの一つの表れだと思います。
　その後、戦後は五五年体制のもと、自民党の派閥間の均衡、官僚機構の上に内閣が乗っかっているだけという時代が続きました。

門井　この時代は、内閣の役割はそれほど大きくなかったように思います。

奈良岡　おっしゃる通りです。ところが平成になって改革が叫ばれるようになり、橋本行革や小泉改革によって、官邸機能や首相権限の強化が一気に進みました。そして平成十四（二〇〇二）年に新しい首相官邸が完成するわけです。このとき、かつての首相官邸を移動し、改装して公邸としました。

門井　新しい首相官邸は、非常に大きな建物ですよね。

奈良岡　実はこのことは、日本の政治の歴史を考えたとき、かなり大きな変化の象徴だと思います。太政官《だじょうかん》制度に始まる日本の内閣制度において、執政部門のトップである首相の権限はもともとそれほど大きくなかったからです。

門井　戦前の日本は、権力が分散されていましたよね。

奈良岡　戦前は軍がある程度の権力をもっていたし、枢密院[*99]などの対抗機関もありました。戦後もいろんなバランスのうえに乗っかっていたのが、内閣だったのです。

ところが九〇年代以降、改革の必要性から内閣の権限が強化され、その流れのなかで新しい首相官邸が造られました。これは、単に新しくて大きな建物を造り、大勢のスタッフが働けるようになった、耐震性を高めたという問題ではないのです。新しい首相官邸は日本政治の大きな方向性を示している変化であり、平成時代の政治の象徴としてとらえられます。

門井　なるほど。また実際、権限が強くなっていないと立派な建物は建てられませんよね。

奈良岡　はい。だからいつの時代も、建造物からその時代の真の権力者が誰なのかが分かるわけです。

ちなみに首相官邸とは交差点をはさんだ斜め向かいに、国会がありますよね。戦後、昭和二十年代、三十年代は学生運動やデモが起きると、国会議事堂の周辺に群衆が集まっていたものです。当時は国会が国権の最高機関として曲がりなりにも機能していて、国会のなかで与野党が論戦を戦わせていました。だからこそ、政治に不満のある学生や民衆は国会に押し寄せていたわけです。

ところが今、国会にデモや抗議に来る人はあまりいません。たとえば反原発を訴えたり、政権批判をする人たちは、みな首相官邸の前に集まっています。

門井　それはおもしろい現象ですね。昭和のデモは国会を目指し、平成のデモは官邸に集まる。

奈良岡　それだけ、内閣や首相の力が強くなっているということです。

門井　今、振り返ってみると昭和時代、私が若い頃の新聞やニュースでは「現代の政治にはリーダーシップが足りない」とよく言われていましたよね。「誰が総理になっても同じだ」といったことをテレビで公言する評論家も、数多くいました。

　そういう意味では今、とにかくも強力なリーダーシップが実現しつつあるわけです。もっとも、そのリーダーシップで実際にやっていることは、些末な改革らしきものばかりなわけですし……。

奈良岡　そうですね。

門井　ただそのような状態こそが、まさに現代を生きる我々が直面している政治の世界なんでしょうね。奈良岡さんのお話を伺っていて、今までずっと話してきた建築の問題と、かなり共通する部分があるとも思いました。それは、先ほども話に出てきたリフォームの問題です。

六本木はもはや開発はできず、再開発しかできない。我々はもはや新築はできず、リフォームしかできないということでした。ひょっとしたらそれは、政治の世界でも同じなのかもしれません。どんなに改革を叫んでも、結局は小さな修正しかできないというのはまさに……。

奈良岡　リフォームですね。

門井　そうそう。もはや建築においても政治においても、あるいは会社経営においても、我々には更地は残されていないのではないか。ドラスティックなことは何もできないのではないか。

奈良岡　まったくのフロンティアというものは、ほぼなくなってきている時代ですしね。

門井　そういう意味でも、首相官邸と六本木ヒルズには、同じ時代の建物として共通したところがある。官と民とで一見、正反対なのに。そしてそれは、我々自身の問題でもあるんですね。

国会議事堂（昭和11年竣工）

行政府優位の構造になっている
国会議事堂

門井　先ほど江戸時代の藩邸の話が出ました。考えて見れば藩邸、江戸城も含め、日本の長い歴史のなかでは官邸と公邸の区別がついていないほうが当たり前でした。世界的にもお城は官邸であり公邸です。ちなみに今、安倍さんは公邸に住んでいるのですか？

奈良岡　安倍さんは公邸嫌いのようで、渋谷区富ヶ谷の自宅に住んでいます。週刊誌レベルの話ですが、夫人の昭《あき》恵《え》さんが「公邸は幽霊が出るから嫌だ」と言っているとどこかで見ましたけど……（笑）。確かに五・一五事件や二・二六事件の舞台になったところですからね。

門井　そんなことを言ったら、原敬や濱口《はまぐち》雄幸《おさち》が狙撃された東京駅も使えないですけどね（笑）。

奈良岡　いずれにしろ首相は、公邸を使っても使わなくてもいいんです。まったく使わない人と、ほぼ居住している人と、歴代首相によって違うようです。安倍さんの場合、公邸はお食事会などでたまに使うくらいのようです。

門井　私はテレビで見ただけですが、現在の官邸はガラス張りの極めて現代的な建築ですよね。屋上にはヘリポートもあります。そう考えると、我々が昭和から平成にかけて、ドームを排除して追求してきた近代の機能主義の一つの究極の姿という気もします。

奈良岡　なるほど。先ほど**国会議事堂**の話が出ましたが、あの建物は昭和十一（一九三六）年にできたものです。それまでは霞が関には立派な建物を造っても、国会は軽視されていてまともな議事堂がなかったんです。ずっと仮議事堂だったのです。それがやがてデモクラシーの時代になり、大戦景気で予算に余裕ができたということで、本格的な議事堂を造ることになりました。

そこでコンペが行われ、大正九（一九二〇）年から建設が始まります。ただその後、関東大震災もあり、建設は大幅に遅れます。ようやく議事堂ができた昭和十一（一九三六）年は二・二六事件が起きた年であり、既に政党政治は崩壊していたんです。

門井　歴史の皮肉ですね。

奈良岡　この建物は幸いなことに戦争中、空襲の被害を受けませんでした。そのため、国権の最高機関という位置づけが与えられた戦後の国会の議事堂として、そのまま使われたわけです。ちなみに大正時代の国会議事堂のコンペについては、審査員が誰で、どんな人物がどんな提案をしたかなど、マニアックな研究がけっこうあります。

門井　辰野金吾《たつのきんご》が横槍を入れたとか（笑）。

奈良岡　いろんな人間ドラマがあります。私は議場構造について調べて論文を書いたことがあるんです。

　実は仮議事堂時代から昭和十一（一九三六）年に完成した現在の議事堂時代まで、議場の構造はまったく一緒なんです。一度も変化していません。いわゆる雛壇《ひなだん》という大臣席が前にあり、彼らが一段高いところにいて、議員を見下ろす構造です。議員は階段席になっているので後ろのほうは結構高いのですが、最前列は完全に大臣たちから見下ろされています。

門井　なるほど。

奈良岡　偉い大臣たちが議員を見下ろして、議会を制圧、コントロールするかのように睥《へい》睨《げい》する。それに対して、議員たちは政府を攻撃しようと頑張るわけです。

門井　下から石を投げる構造ですね。

奈良岡　そうなんです（笑）。行政府の優位が議場構造に反映されているわけですが、実はこれ、ドイツの帝国議会のコピーなんですね。明治憲法がドイツの制度の影響を受けて、行政府優位の構造になっているというのは有名な話ですが、議会も同じです。

日本で最初の国会議事堂は、ドイツ人のヘルマン・エンデとヴィルヘルム・ベックマンによって設計されました。彼らはドイツの議場構造を、そのまま日本にもってきました。議員が低いところから、雛壇の行政府に向かって四苦八苦しながら攻撃する、という関係性が表現されたものですね。

そのような議事堂のなかで、初期議会期の民党対政府[*100]、大正政変[*101]などのドラマが展開されてきたわけです。このような古い行政府優位の政治構造が埋め込まれているのが、十九世紀ドイツの国会の議場であり、日本の議場なんです。

門井　そんな古い構造の建物が、いまだに使われているわけですね。

奈良岡　さすがに戦後の西ドイツでは、こんなふうに議員を見下ろすのは非民主的だということになり、雛壇を取り払ってフラットな構造にしました。ところが日本では、明治憲法体制のもとの議場構造が、新しい議事堂においても維持されました。ただ戦後になって、「あんな雛壇は取っ払ったほうがいい」という議論が出たことはあるんです。

門井　誰が声を上げたのですか？

奈良岡　尾崎行雄らが、民衆国家日本をつくるために、こういう構造はやめたほうがいいと主張しました。でも工事費はかかるし、何かと大変だという理由で、結局実現しませんでした。

実は平成になってから、もう一度その議論が盛り上がったことがあります。小沢一郎らが自民党を出て、政権交代によって細川内閣が誕生したときのことです。もう政権交代の時代になったのだから、行政府に石を投げるような構造ではなく、もっとフラットな議場構造にしようという議論が九〇年代半ばから盛り上がったんです。

しかし、さまざま検討した結果、フラットにするには骨組みの構造などを変えなくてはならず、予算がかなりかかることが分かりました。「財政が厳しいのに、そこまでしなくていいのではないか」といった話になり、流れてしまうんです。

門井　なるほど。どうにも日本らしい結末です（笑）。

奈良岡　そこでせめて、委員会では対等に対峙する構造をつくろうということで、党首討論制が導入されたわけです。あれは椅子の配置を変えるだけなので、お金がかかりませんからね（笑）。

門井　確かにあれは、同じ高さでやっていますよね。

奈良岡　ただ五五年体制が崩壊し、政権交代があったものの、結局、今は与党の力が圧倒的に強い。野党は政権につく見込みがほとんどない。相変わらず弱体な状況で、石を投げる討論を繰り返しているわけです。

門井　まったくその通りですね。

奈良岡　五五年体制の時代に戻ってしまったような感もあります。議場構造を変えようという議論も今、真剣に取り組んでいる人はいません。話題にすらのぼっていない状況です。私はたとえお金はかかっても、あの議場構造は変えたほうがいいと思います。政治が変わらないなら、せめてかたちからだけでも、変えられるところから変えてみてはどうかと思うのです。

門井　それは一理ありますね（笑）。

与野党がフラットになるため議場構造を変えるべき

奈良岡　私は日本の政治は、もうちょっと与野党がフラットな関係になるべきだと考えています。また野党議員は政府を批判するだけでなく、もう少し自分が政権についた時にどうするかを真剣に考えてほしいですね。

与党の側は議席を多数もっているからといって横柄にならず、フラットな立場で野党と向き合う。場合によっては党議拘束などかけず、もっとフランクに野党と議論をし、議論の結果、立場が変わることがもっとあっていいと思います。

国会のなかの議論を形式的なものでなく、もっと実質的な、意味あるものに変えなくてはなりません。そのためにもあの古い十九世紀的な議場構造、前時代の遺物は変えたほうがいいと思うのです。

門井　一番の問題は、そのようなことを国民が知らないことだと思います。私も今、初めて知ったくらいですから……（笑）。お金がかかるとはいっても、大半の国民が支持すれば、政治家は点数稼ぎでやるはずですからね。建物一つ建てるほどのお金がかかるわけではないでしょうし。

そういうことに、国民が関心がないのも良くないですよね。もしかしたら日本の国民の政治意識そのものが、十九世紀のままなのかもしれません。

奈良岡　そうかもしれません。

門井　いずれにしろ内閣の人間だけがあれだけ高い位置にいるのは、機能的にも不便ですよね。私自身、今日指摘されるまで、そういうものだと当たり前に受け入れていましたけど……、よく考えたらイギリスなどは違いますよね。

奈良岡　イギリスは議場が対面式になっている、ちょっと特殊な形態です。あの対面式の議場と二大政党制のどちらが先なのか。卵とニワトリの議論のようで、よく分かりませんが……。あのかたちの議場は、ディベート的な議論の盛り上がりに寄与していると言われています。

門井　イギリスの議会はもともと、王政に対するアンチテーゼとして出発した面がありますよね。だからそのなかでいくら激論しても、王政に対する反対勢力として、実は対等な仲間だという感覚があるのかもしれません。与野党での上下関係は日本より、もともと少ないかもしれません。それにしても、この問題も考えてみればリフォームの問題ですね(笑)。

奈良岡　まさにそうですね（笑）。

国会議事堂がいつまでも仮の建物だった理由

門井　国会の位置づけ自体が明治憲法と日本国憲法とでは全然変わっているはずなのに、議会の中身は、まったく変わっていない。むしろ過去の遺物を尊んでいるようにすら思えます。

奈良岡　議会は結局のところ、先例重視で動いているところが多いんですよね。質問の通告の仕方とか、質問の順番など、基本的にまったく昔のままですから。憲法は変わっても、国会の手続きは帝国議会時代とほとんど変わっていないと言われています。

ただ、それが健全な議論を保障している面もあります。だから一概に、新憲法になったから全部変えろというのは乱暴です。とはいえ時代は大きく変わっているわけだし、そのままというのも問題です。変えるべきところは変えるべきでしょう。

門井　戦前は仮議事堂の時期が極めて長かったと、先ほどおっしゃいました。それを聞いて、素人ながら私が思うのは、よほど日本の政府は一般民衆を政治の世界に参加させたくなかったんだな、ということです。

だからまともな議事堂を、いつまでも造らなかったのでしょう。自由民権運動の時から、民衆が政治に口出しするとろくなことはないという感覚が、日本のエリート層には根強くあるのではないでしょうか。その口出しの最大の機会が選挙です。ただ単に素人だからという以上に、明らかな民衆蔑視の思想があったのだと思います。

奈良岡　確かにそうかもしれません。

門井　それが大正デモクラシーの時代を過ぎても仮議事堂だったという、この国の歴史に集約されているように思います。それは国会議事堂が建った後も、根強く日本に残っていて、根本のところでは変わっていないように感じます。

奈良岡　そうですね。ちなみに国会議事堂の裏、かつて首相官邸があった場所には今、大きな議員会館が三つ並んで建っています。あれは議員会館としては世界でもトップレベルの豪華なものです。

門井　あの現代的ビルが……そうなんですか？

奈良岡　はい。イギリスは確か議員会館というものが、ほとんどありません。もともとお金持ちの人が議員になっていた、ということも影響しているのかもしれませんが……。世界的に見ても日本は、議員へのサポートが非常に手厚いんです。歳費にしても諸手当にしても。だからその分くらいはしっかり働いてもらわないと困ります。

門井　本当にそう思います。話はずれるかもしれませんが、私は国会議員の数自体はもっと増やしたほうがいいと思っています。今は世の中が複雑になり、情報量も膨大になっています。当然、行政や政治家がやるべき仕事も増えているはずです。それなのに議員の数が増えないままでは、機能不全に陥ってしまいます。

　下手をすると議員が実務をしない、シンボル的な存在になってしまう。だから私は歳費を下げてでも、あと一〇〇〇人くらい政治家を増やすべきだと考えています。建築士みたいに一級議員、二級議員と選挙の結果によって分けても良いのではないでしょうか。

奈良岡　一つの考え方ですね。数を増やしてその分、専門性を身に付けてもらう。その際、増やすべきは衆議院議員というより参議院議員だと思います。戦前の貴族院議員[*102]のように、党派性を離れて、学識なり専門分野なりに依拠した議会での活動を重視する議員が、もっと必要だと思うのです。実際、「貴族院を復活させるべき」という意見もあるくらいです。

門井　それは大事なことだと思います。

奈良岡　今の参議院は、衆議院とほとんど同じようなものになってしまっています。選挙制度がほとんど同じですから、そうなるのも当然ですが。
　戦前の貴族院は選挙や解散がなく、議員の身分は安定していました。でもその分、衆議院より非常に質の高い議論をしていた面があります。勅選議員[*103]や帝国学士院[*104]会員議員など、専門分野での高度な力量をもっている人たちがいた。爵位をもっている有爵議員などは暇なので……（笑）。

門井　意外と熱心に勉強する。

奈良岡　そうなんです（笑）。華族のなかで物好きな人たちが一生懸命勉強して、専門性を発揮していた面もかなりあるんです。

門井　それはおもしろい。衆議院は有志の民からの目線で議論をし、立法する。貴族院はもっと高踏的な立場から、地元や利害関係者の声を気にせず、自由に議論してもらうということですね。

奈良岡　現在なら元首相や元外相などをみんな貴族院議員、勅選議員のような存在にしてもいいかもしれません。歳費も議員会館の部屋もなしのボランティアで、ステータスだけ与えて頑張ってもらう。それも悪くないアイデアだと思います。

失われた建物を想像力で再現するのが歴史家の仕事

門井　国会議事堂は、言うまでもなく日本を代表する近代建築です。ただ私はこのように価値のある近代建築だからといって、必ずしもすべてを保存しなくてはならない、とまでは考えていません。古いものをすべて残していては、前に進めませんからね。

奈良岡　ある程度、古い建物を壊すことはしかたがないと……。

門井　例えば、平安時代に藤原氏が建てた法性寺《ほっしょうじ》*105という大きなお寺は、今や残っていません。秀吉が建てた聚楽第《じゅらくだい》*106も残っていません。果たしてそれは悪いことなのでしょうか。それによって現代人は、何か困ることがあるのでしょうか。

奈良岡　たちまち今すぐ困るということはないですね（笑）。

門井　もちろん残せるなら残したほうが良いのですが、現実的に残せないことも多い。だからこそ、そこに歴史研究者の役割があるのだと思います。

　歴史的建造物が現存しないなら、歴史に携わる者が想像力を駆使して再現すればいいのです。活字によるのか、CGによるのか、キトラ古墳のような陶板製作によるのか、再現の仕方は、いろいろとあるでしょう。

奈良岡　最近は科学技術の進歩もあり、かつて分からなかったことも分かるようになってきています。

門井　そうですね。いずれにしろ、あえて言うなら「歴史のために古い建物を保存する」という発想が間違っている気がします。むしろそれは逆で、保存できなかったもののために貢献することこそが、歴史に携わるものの責務なのではないでしょうか。

もちろん国会議事堂はもう古いので、壊してしまったほうがいいと言っているわけではありません。でも今を生きる世代、さらに未来の世代にとって、新しく建て直したほうが本当に良いのであれば、それを止める資格は我々にはないと思うのです。

＊85　**原爆ドーム**

元々はチェコスロバキアの建築家、ヤン・レッツェルによって設計された広島県物産陳列館。昭和八（一九三三）年に広島県産業奨励館と改称。原爆投下によって鉄骨が剥き出しになり、様々な議論の末、平和の象徴として今日まで保存されてきた。周囲の敷地を含めて世界遺産に登録されている。

＊86　**浦上天主堂**

長崎市浦上にあり、東洋一を誇ったカトリックの大聖堂。原爆投下によって全壊し、昭和三十四（一九五九）年に新しく再建された。崩れた壁などの一部は現在、長崎原爆資料館に展示されている。

＊87　**浦上四番崩れ**

江戸時代中期から明治の初期に、現在の長崎市で起きた四度のカトリック弾圧のうち、最後の弾圧。多くの住民が流罪となり、苛烈な拷問によって棄教を迫られた。

＊88　**ニコライ堂**

東京千代田区神田駿河台にある教会堂。正式名は東京復活大聖堂。ビザンティン様式で鐘楼が美しく、ロシア人宣教師のニコライにちなんでこの名がついた。関東大震災で被災したが、大正十三（一九二四）年に岡田信一郎の設計で復興された。

＊89　**ヤン・レッツェル**

一八八〇～一九二五。チェコ人の建築家。広島県産業奨励館（後の原爆ドーム）の設計者として知られる。日本で数多くの建造物を設計したが、ほとんどが災害や火災で焼失し、現存するものは原爆ドームを除いてない。

＊90　**ヤルタ協定**

一九四五年二月、ルーズベルト、チャーチル、スターリンの連合国首脳がロシアのクリミア半島にあるヤルタで会談。三国による戦後処理を協議し、協定が結ばれた。ドイツ降伏後のソ連の対日参戦と、南樺太の返還や千島列島の引き渡し、その条件も秘密裏に決められた。

＊91　テレシコワ
一九三七〜。ソ連の宇宙飛行士。昭和三十八（一九六三）年にボストーク六号で地球を四八周し、世界初の女性宇宙飛行士となった。飛行中の「私はカモメ」の言葉が世界中に広まった。

＊92　大大阪時代
大正後期から昭和初期にかけて、大阪市は面積や人口、工業生産額で日本一となり、大大阪と呼ばれていた。

＊93　岡部長景
一八八四〜一九七〇。岸和田藩主・岡部長職の嗣子。昭和五（一九三〇）年に貴族院議員となり、岡田啓介内閣の陸軍政務次官、東條英機内閣の文部大臣を務める。戦後は国際文化振興会会長、国立近代美術館館長などを務めた。

＊94　竹田城
兵庫県朝来市にかつてあった山城。現在、城自体はないが、山頂部一帯に本丸、二の丸、三の丸などの石垣が残っている。その遺構が近年、「天空の城」「日本のマチュピチュ」と呼ばれ人気を呼んでいる。

＊95　国立競技場
明治神宮外苑にあった陸上競技場で、正式名称は国立霞ヶ丘陸上競技場。昭和の東京オリンピックの中心会場となり、開会式や閉会式が行われた。二〇二〇年の東京オリンピックのため、平成二十六（二〇一四）年に解体された。

＊96　皇紀二六〇〇年祭
昭和十五（一九四〇）年、神武天皇即位紀元二六〇〇年を祝い、全国各地で記念行事が行われた。そのメインイベントとなる「紀元二六〇〇年式典」は、昭和天皇皇后臨席のもと、十一月に宮城外苑で行われた。

＊97　ヒルズ族
六本木ヒルズにはＩＴベンチャーが相次いでオフィスを設け、若くして成功した起業家や投資家、著名人らがレジデンスに住んだ。このような時代の最先端ともいえる六本木ヒルズに暮らし、働くお金持ちをヒルズ族と呼んだ。

＊98　ザハ・ハディッド
一九五〇〜二〇一六。イラク出身の建築家。幾何学的な曲線や直線を多用したダイナミックな建築が世界的に高く評価され、建築のノーベル賞といわれるプリッカー賞を女性で初めて受賞。新国立競技場のデザインとして彼女の案が国際コンペで選ばれていたが、建設費や維持費がかかりすぎると批判が起き、撤回された。

＊99　枢密院
明治憲法下で天皇を補佐する最高諮問機関。内閣からは独立した機関で、藩閥官僚が力をもつ背景になった。昭和二十二（一九四七）年の日本国憲法の施行により廃止される。

＊100　民党
明治時代に自由民権運動を行い、藩閥政府と対立した自由党、立憲改進党などを総称して「民党」と呼んだ。

＊101　大正政変
大正二（一九一三）年に、憲政擁護の民衆運動によって、第三次桂太郎内閣が総辞職した政変のこと。

＊102　貴族院議員
貴族院を構成した議員。皇族議員、華族議員、勅任議員（多額納税者、帝国学士院会員、勅選議員）からなった。

＊103　勅選議員
国家に勲功があるか、学識経験者の三十歳以上の男子のなかから天皇が任命する終身議員。

＊104　帝国学士院
明治三十九（一九〇六）年に設置された文部大臣管理下の最高学術機関。会員には貴族院に議席枠が一定数確保されていた。

＊105　法性寺
藤原氏の氏寺。藤原忠平が延長三（九二五）年に創建。平安後期に栄え、一時は現在の東福寺から鴨川、稲荷山にまで寺域が及んでいたが、中世以降衰退した。

＊106　聚楽第
秀吉が自身の威光を示すため、天正十五（一五八七）年に京都に造った城郭風の邸宅。桃山文化の代表的建築。現存せず、一部は伏見城に移築されたと言われている。

第4章

オリンピックと万博

～都市をリフォームする時代へ～

都市を変えたオリンピックと変えなかった万博

門井　昭和三十九（一九六四）年の東京オリンピックの六年後に、大阪で万博がありました。そして今回、二〇二〇年の東京オリンピック・パラリンピックの五年後に、大阪万博が開催されます。そこでオリンピックと万博をセットにして、建築や政治、社会との関係を考えてみたいと思います。

　オリンピックも万博も、国際的な非常に大きなイベントであるという点ではよく似ています。でもその本質をよく考えると、極めて対照的な部分があります。

　それは何かと言えば、オリンピックは肉体を使って何ができるかという挑戦です。いっぽう万博は、肉体以外のものを使って何ができるかの挑戦です。肉体以外のものとは道具と言い換えてもいいし、科学技術も当然含まれます。

奈良岡　肉体を使うのがオリンピックで、肉体以外を使うのが万博だと。

門井　まずはそのような基本的な図式が成り立ちます。その図式で昭和の東京オリンピックと大阪万博を見直してみると、「なるほど」と思うことがあります。

まずオリンピックは、東京という肉体そのものを大規模に変えたということができます。「オリンピックをやるぞ！」ということで代々木は大きく変わり、新しい建物がたくさん建てられました。競技に関係ない場所においても、「外国人に見られたら恥だ」と古いものがどんどん壊されました。そうして首都高ができ、地下鉄が走り、都市の構造が変わったわけです。

奈良岡　東京という都市の肉体の大変化、大改造が行われたのですね。

門井　ところが万博では大阪に何が起きたでしょうか。大阪では東京のような都市の大変化、大改造は起きませんでした。千里山というごく一部のエリアが変わっただけです。

そもそも当時の大阪の人にとって、千里山は大阪の一部というより、北のほうにある大きな丘という認識しかなかったと思います。だから万博が終わっても、大阪が変わったという意識は生まれなかった。「万博記念公園が残ったよね」くらいの感慨しかないわけです。

奈良岡　オリンピックによって、都市のあり方全体が変わった東京とは大違いですね。

門井　この二つの違いは、東京と大阪という都市の違いによって生まれたものではない。開催したのがオリンピックだったか、万博だったかによる違いだったのだと思うのです。

万博のルーツは、日本においては内国勧業博覧会です。最初は日本国内の勧業博覧会として、全国各地から物産を集めて、即売したりしていたわけです。

奈良岡　原爆ドームは、その地方版だったわけですよね。

門井　内国勧業博覧会の第一回は明治十（一八七七）年に上野公園に設けられた特設会場で開催されました。その後、第三回まで上野で開催され、第四回は京都で、第五回は大阪で開催されます。

京都での博覧会跡地は、平安神宮や岡崎公園になりました。大阪での博覧会跡地は、天王寺公園になりました。

奈良岡　これまで博覧会跡地は、公園として活用されてきたわけですね。

門井　ただ万博になると、内国勧業博覧会より広大な土地が必要になります。その分、万博が終わった後に会場の土地をどう活用するかが難しいのです。二〇二五年の大阪万博でも、開催後の会場をどう活用するかが大きな課題となるでしょう。

奈良岡　二〇二〇年のオリンピック後の東京については、いかがですか。

門井　私は東京については、大阪ほどは心配していません。オリンピックは万博と違って、一つの会場で行うものではありません。街のなかの様々な会場で行われ、それらはオリンピック終了後も、そのまま体育館や競技場などとして活用されるからです。

また現在の東京は、すでにオリンピックに向けて街全体が大きく変わっています。以前、池袋の自由学園[*107]の人と話をしたのですが、私の記憶違いでなければ、今は歴史的建造物の外壁を修理すると言うと、東京都がすぐに予算をつけてくれるそうです。外国人が観光で来た時に、街が綺麗に見えるようにということでしょうね。

奈良岡　なるほど。

門井　ですから昭和三十九（一九六四）年のときほどではないにしても、東京の街並みそのものが大きく変わることが予想されます。でも大阪は、今回も万博によって都市全体が変わることはないのではないかと思います。

次の大阪万博会場をどう活用するか

奈良岡　先ほど万博後の会場の使い道に困るという話がありましたが、それを象徴しているのが太陽の塔[*108]ですよね。あれは造形的に非常におもしろいオブジェだし、万博公園といえば誰もがあの像を思い起こします。

でも万博開催時はシンボルとして機能したものの、その後は積極的に活用されることはありませんでした。正直、保存修理するためだけに費用がかかる金喰い虫でした。三十数年間も公開されず、最近になってようやく少し公開されるようになりました。でも私は、まだそれほど効果的に活用はされていないように思います。

門井　万博終了後、他のものは全部壊したのに、なぜ太陽の塔だけ壊さないのかという議論は当然あったと思います。ただ今のところ太陽の塔は残されています。もう一つ、メインのパビリオンだけは今も残っています。万博記念博物館のようなものになっているわけですが……。

奈良岡　そうですね。

門井　同じ事例としては、上野の東京国立博物館もそうですね。あそこの本館や表慶館は、内国勧業博覧会の展示場だったところを建て替えたものです。

私は博物館が好きですし、大変お世話になっています。それでいてこんなことを言うのもなんですが、博物館になるということは、他に使い道がないと言っているのに等しいのです（笑）。展示物を置いて並べるだけでも機能はいちおう果たすわけで……。戦後に全国にできたコンクリート製の天守閣の内部が、みんな博物館になるのと一緒です。

奈良岡　確かに、そういわれてみればそうかもしれません……。

門井　今、太陽の塔は塗り直しをし、それなりの観光名所になっています。万博饅頭《まんじゅう》、太陽の塔饅頭なども売られていますが、ものすごく観光客が押し寄せているわけでもありません。ただ昔の万博公園は、もっと寂しい場所でした。何てことのない普通の公園で、広いだけにいつも閑散としていましたし。

奈良岡　太陽の塔もそうですが、万博公園自体が必ずしも有効に活用されていない面がありますよね。そこもよく考えないといけないと思います。

　現在の日本は少子高齢化で財政状況も厳しい。身の丈に合ったかたちで、レガシーを次の世代に有効にバトンタッチできる万博をどう開催するか。そこは非常に大きな課題だと思います。

門井　本当にそう思います。そこでのキーワードは、やはり何度も申しあげている〝リフォーム〟です。これからの時代、我々はもはやリフォームをすることしかできない。我々はそのことを悲しむべきではないし、むしろ積極的にそこに価値を見いだすべきなのだと思います。

奈良岡　リフォームだからこそ、できることを追求すべきなんですね。

門井　東京では二〇二〇年のオリンピックによって、放っておいても東京全体がリフォームされることでしょう。大阪も万博を、街全体の価値を上げるためのリフォームの機会として活用すべきです。

今度の大阪万博は、大阪湾に面した人工島、夢《ゆめ》洲《しま》*109で開催されます。その万博の跡地をどうするか。それをまさにリフォームの発想で行うべきだと思うのです。今度、万博のために造った建物は、前回のように終了後、取り壊さない。そしてリフォームをしながら使い続けていく。最初からそのような計画で、大阪万博を開催すべきだと思います。

奈良岡　問題は建物を残して、何に使うかですね。

門井　私は万博のために造った建物を、万博大学にすることを提唱したいと思います。大学の教室として使い、そこで万博で提示した未来を本当に実現させるための研究教育拠点にするのです。

大阪万博で指し示した未来像と、それを体現した建物は、時を経るにつれて未来から現在、過去へと移りかわっていくでしょう。現在の我々にとって、一九七〇年の万博で残った太陽の塔やパビリオン館が過去の遺物であるように。それはそれでよいのです。むしろそこに価値が生まれます。

奈良岡　時代の経過とともに、レガシーとなっていくわけですね。
門井　五〇年もすれば、夢洲に造られた建物は立派な歴史的遺産になっていることでしょう。これまで語り合ってきた、大磯の別荘や原爆ドーム、国会議事堂のような歴史的遺産になるわけです。
　もちろんそうなっても建物は修復、リフォームしながら、大学の教室として利用します。そのような価値ある歴史的建造物のなかで勉強する喜びが、新しい未来をつくるための強いモチベーションになるはずです。さらにこの建物が将来、国宝にでも指定されれば万々歳なんですが……（笑）。
奈良岡　それは素晴らしい（笑）。
門井　単に万博のためだけに造り、終わったら壊すのではなく、長期的な視点で日本、世界のために貢献し、資産となる。
　要は「一〇〇年残る万博」ですね。それを万博の大阪モデルとして実施する。そうすれば日本が世界に範を示すことになると思います。
奈良岡　なるほど。門井さんにはぜひ万博大学の学長か教授になっていただきたい（笑）。
門井　いや、それはむしろ奈良岡さんにお願いしたいと思います（笑）。

万博会場を「未来の実験場」へ

奈良岡　建物を壊さないというのは物理的な意味もあるけれど、象徴的な意味合いも強いですよね。一番のポイントは、万博という未来の実験場、知の新しい方向性の模索を一過性のもので終わらせず、継続的に発展させていくところだと思います。

先ほど、日本は少子高齢化で身の丈に合ったことをしなくてはいけないと言いましたが、でもそれと夢をもつことは、両立し得るはずです。

門井　私もそう思います。

奈良岡　本来、知の世界は無限の広がりをもっているはずなんです。もちろん現実には、物質的なものを含めてさまざまな制約があります。そのなかで諦めずに夢を抱き、今後の飛躍や発展を描く。それこそが、万博が目指すことだと思います。それも一過性のお祭り騒ぎにするのではなく、継続的にレガシーとして発展させ、国内外に発信していく。素晴らしい構想だと思います。

門井　現実問題として、どれくらいお金がかかるのかは分かりません。ただ莫大な予算を投じて、個性的な建物を建てる機会なんて、万博以外にはそうありません。それをすぐに取り壊すのはあまりにももったいないと思うのです。

逆に言えば、高度経済成長期だったからこそ取り壊すという贅沢ができたのかもしれません。これからの時代は取り壊さずに、細かく手を入れながら、末永く活用していく。それが身の丈に合うということなのではないでしょうか。

奈良岡　賛成です。

門井　そう考えると、万博大学は決して非現実的なアイデアではないと思います。ぜひ関係者には真面目に検討していただきたいですね。もちろん大学だけでなく、民間のテナントを入れてもいいし、パビリオンレジデンスを造ってもいい。

奈良岡　そこからベンチャー企業が誕生してもいい。さらには研究所やエンターテインメント施設など、そこでまいた種が広まっていく、発展していくかたちが理想ですよね。

門井　取り壊し前提ではない建物を建てるとなると、建設費は上がるでしょう。でも長期的に活用し、そこから大きなリターンが得られることを考えたら、投資としての費用対効果はむしろ高いと思うのです。

奈良岡　結果的には、そのほうが得ですよね。

大学の郊外移転で大阪は活力を失った

奈良岡　ところで大阪という街が今日、活力を失った原因として、一つは企業の東京移転があります。もう一つ、大学が郊外に移転してしまったことが指摘できると思います。

阪大（大阪大学）はもともと中之島にありましたが、吹田市や豊中市に移転してしまいました。そのために空いた土地がうまく活用できないまま残っていて、もう一度、一部をそこに戻そうという動きがあります。

門井　そうなんですか。

奈良岡　関西大学、大阪市立大学や大阪教育大学も、中心部から出て行ってしまいましたよね。

門井　今はだいぶ南の方へ移ってしまいましたね。

奈良岡　その結果、大阪が若い人や知の最先端が集まる街ではなくなってしまいました。そのことが大阪の活気を、相当そいでしまったところがあります。都市が活性化し、発展するためには、中心部に近いところに大学や研究機関などの知の集積地があるということは、非常に大きなポイントです。

門井　豊中なんて、大阪の中心部からは本当に遠いですものね。

奈良岡　遠いことによる良さも、もちろんあるわけですが……。

門井　広大なキャンパスを手に入れることができますからね。でもその代わりに失うものもある。大阪はもともと新《にい》島《じま》襄《じょう》が「大学を創らせてください」とお願いしたら「ヤソは嫌だ」と断った土地ですからね(笑)。それで新島はしぶしぶ同志社を京都に創ったわけです。

奈良岡　同志社も一時、京田辺にシフトしようとしたけど、また今、中心部に戻ってきていますね。

門井　あれは本当に良かったと思います。

奈良岡　真ん中に同志社があり、ちょっと外れているけれど、それなりに近い場所に京都大学がある。また桂にある市立芸大が今、京都駅の近くに移転する準備をしています。

門井　衣笠には立命館大学もありますよね。衣笠も京都中心部から、それほど遠くはない。京都自体が狭いということもありますが、大阪の市内から豊中というレベルではありません。

奈良岡　関西においては唯一、京都だけは大学の存在感が大きい街です。それが京都という街に対して、とてもいい影響をもたらしています。東京も一時期、私大の郊外移転が流《は》行《や》りましたが、今は都心に回帰していますよね。

門井　そうですね。

奈良岡　都心に戻ってきていない大学は、偏差値が下がっているという現実があるんです。また早稲田や慶応、東大などのレベルの高いマンモス大学が街の中心にあることは、東京という街の活気の大きな要因です。それに比べると、大阪の現状はかなり悲しいものがあります。

門井　私は東京に滞在している時は、だいたいお茶の水の「山の上ホテル」に泊まります。あの界隈はご存じの通り大学街で、日大、明大や順天堂大、ちょっと離れて専修大学などがあります。だから歩いている人は若い人がとても多いんです。そこは大阪とは全然違うところです。

　そういえば東京理科大学教授で建築家の宇《う》野《の》求《もとむ》さんが、シンポジウムでおもしろいことをおっしゃっていました。「大学が多いと災害に強い」と。若い力が、たくさんあるからです。

奈良岡　ボランティアをする人も多いですよね。

門井　そうそう。比較的時間があって、すぐに対応できる人が大勢いる。実際、東日本大震災の時も、理科大は多くの帰宅困難者を受け入れたそうです。しかも学生が自発的に動いて、建物の倒壊が少ないところにその人たちを集めたそうです。

奈良岡　なるほど。ただ、今は若者がどんどん減っていて、大学という新しい箱を造っても、人が集まらない可能性があります。大阪万博が開かれる頃には、いくつかの私立大学が潰れていることも予想されます。大学の運営はこれからどんどん難しくなっていくでしょう。

門井　となると万博大学においても、やっぱり大学だけでなく、レジデンスや商業施設を入れることが大事になってきますね。万博の六本木ヒルズ化とでもいうか（笑）。

奈良岡　それは、いいアイデアですね。

門井　さすがにテレビ局は入らないでしょうけど、複合的な都市施設とする必要はあるかもしれません。それこそ先ほどとは逆の発想で、完結性の高い街にする。立地的にも、街並みというものをもともと考える必要はない土地ですしね。

　この際、夢洲の行政区域名も「万博島」といったものに変えてしまってもいいかもしれません。大学というよりも、万博そのものを街にするほうがいい気がしてきました（笑）。

奈良岡　万博タウンとして、そのまま街として残す（笑）。いずれにしろ、ハードとソフトを一緒に考えながら、万博、オリンピックの運営とそれ以降のレガシーの残し方を考えていく必要があるということですね。

門井　そうしないと、また無駄に広い公園が一つ増えるだけです。千里山でさえ訪れる人は少ないわけですから……。

「水」を制すれば民衆はついてくる

門井　先ほど私はオリンピック後の東京については、あまり心配していないと言いました。また現在、東京はオリンピックに向けて再開発が進み、街並みが整備されています。それだけに今、あえて東京の街並みや景観の大きな弱点を指摘しておきたいと思います。それは何といっても「水」です。

奈良岡　水ですか？

門井　江戸はかつて水の都と呼ばれていましたが、現在の東京の川やお濠《ほり》などの水はとにかく汚い。戦前は新宿に淀橋浄水場があって、お濠の水はそこに流していたらしいのです。だから曲がりなりにも水流はあり、今ほど水が汚れることはありませんでした。でも、今では浄水場を潰して都庁にしてしまったために、水流がなくなり、お濠の水が非常に汚れています。

　水回りというものは、都市景観のなかに残された最後の自然です。オリンピックまでの期間は短いですが、これだけはなんとかしてほしいと思います。

奈良岡　お濠の水を綺麗にするには、川と管を通して、流水を人工的につくり出す必要があるということですか。

門井　お濠の水を綺麗にするには、それしかないと思います。ただ大工事になるでしょうから、さすがにオリンピックに間に合わせろとまでは言いません。すぐに水を綺麗にすることは難しいかもしれませんが、せめてあの護岸のコンクリートの部分だけでも美観を考えてほしいですね。石垣にしろとは言いませんが、もう少し綺麗なコンクリートとガラスで美しくデザインできるのではないかと思うのです。

奈良岡　そうですね。

門井　護岸にデザインを取り入れること自体は、建設業界は大歓迎だと思います。距離が長いのでかなりの建設費がかかりますしね。美観という観点でいえば、そのほうが洒落《しゃれ》た新しい建物を二つ三つ建てるより、はるかに即効性があると思います。
古代ローマの時代から支配者、為政者の一番大事な仕事は、火と水をコントロールすることでした。それができれば、民衆は必ずついてきます。

奈良岡　人が生きていくうえでの基盤ですからね。

門井　現代社会では、火とは電気やガスのことです。水に関しては、現代社会では機能面においてはかなりうまく制御できています。東京は上水道、下水道ともにきちんと整備されていますしね。ただ、お濠の水は都市計画のなかで忘れさられてきた問題だと思います。
古代ローマの為政者は、噴水を造ることで支配力を誇示しました。現代の為政者も、水をコントロールすることにもっと意識的になるべきだと思います。大阪の中之島周辺なんか、参考になるのではないでしょうか。

お国自慢でなく普遍的な価値を発信する街づくりを

奈良岡　街並みや景観について、自由に放置していると建物や土地をもっている所有者は当然、自己利益を追求していくことになります。その結果、往々にして街全体の景観は醜くなります。日本では、これまでこのパターンが繰り返されてきたわけです。

美しい景観や街並みを維持するには、ある程度個人の自由を制限してでも、一定の規制をする必要があります。

門井　ただ現実問題として、東京全体に一定の規制をかけることは不可能でしょう。であるなら、渋谷の街並みはこう、新宿の街並みはこうと、エリアごとに規制を作ればいいと思います。

奈良岡　とりあえずそのレベルからですね。

門井　先ほども話に出たように、あくまでも新宿の街並み、青山の街並み、丸の内の街並みといったものの集合体が東京なのであって、東京という一つの街はないわけですからね。それにしても丸の内の街並みは、素晴らしく綺麗になりました。

奈良岡　あそこはもともと岩崎家が払い下げを受け、三菱ヶ原[*110]と呼ばれた場所です。明治時代からの財閥である三菱の力がいまだに大きいところです。

門井　同じ所有者が、長年もっているというのが重要なんですね。

奈良岡　街並みの保存や景観の統一について、日本でかろうじてきちんと取り組んでいるのが京都です。景観条例を作り、看板の規制などを行っています。コンビニの看板も、京都だけ他の都市より暗かったりします。必ずしもうまくいっているわけではなく、町家が日々壊されてはいますが……。

正直、私は最初、こんな取り組みに意味があるのだろうかと思っていました。でも一〇年くらい経って、いい方向に向かっている気はしています。

門井　最初はどうしても違和感があるんですよね。

奈良岡　当初は反発も多かったようです。まだ実験途上で、結果をどうこう言える段階ではないとは思いますが……。いずれにしろ景観や街並みを大切にするなら、ある程度の我慢や制限は必要でしょう。

門井　それも、長期にわたってですね。それができないなら、もう町並みは犠牲にして、機能だけで突っ走るという方法もあります。

奈良岡　良い悪いは別として……。

門井　「住みやすければ、使いやすければいいじゃないか」と開き直るんです。仮にそちらの道をとるにしても、機能性に価値がある都市として世界にアピールできるようになるには、やはり五〇年、一〇〇年はかかるでしょう。どちらの方向をとっても、その点は変わらないわけです。

いずれにしろ今後、日本でも自分の家だけでなく、街をどのようなかたちで残していくかという発想がますます大切になってきます。だからオリンピックを契機に日本の街が、外国人からどう見えているのかを一度考えてみてもいいと思います。

奈良岡　そうですね。

門井　今、これだけ大勢の外国人が日本に来ているわけですからね。昭和三十九（一九六四）年のオリンピックの時、「外国人が見ても恥ずかしくない綺麗な街にしよう」と言った時の「外国人」とは、西洋人を指していました。

でも今は、中国や韓国をはじめとするアジア諸国からの観光客が急増しているし、日本にいる外国人といっても人種は多様です。今回はそのようなアジアの人も含めた外国人から見て、日本の街がどう思われているかを、もう一度考える必要があると思います。洋風だからカッコいい、とはならない。

奈良岡　大事な視点ですね。

門井　さらに言えば昭和三十九（一九六四）年と今では、外国人に対する私たちの意識が大きく変わっています。昭和三十九年のオリンピックの頃、日本人はなんとか西洋人に追いっこう、追い越そうと思っていました。
　でも現在の日本人は違います。むしろ西洋人も含めた世界の人のお手本になろう、お手本になる街並みを造ろう——そういうメンタリティーであるべきだと思います。

奈良岡　それは決して、富士山や歌舞伎、お茶といった日本の伝統文化を海外の人に押しつけるようなことではないはずです。お国自慢の延長としての国際化ではなく、海外の目を意識したうえでの、新しい発信の仕方を追求していかなくてはなりません。

門井　私もそう思います。国というものを超えた機能なら機能、美なら美、そういった人類の普遍的な価値に奉仕するオリンピックであり、万博であってほしいと思います。その精神があれば街並みや建築のほうも、自ずからついていく。逆ではないような気がします。

「お金持ち」を大事にしよう

門井　価値のある建物を後世に残し、美しい街並みを維持するうえでは、相続税の問題も大きいですよね。日本は世界的に見ても、相続税が高いのでしょうか？

奈良岡　高いと言われていますね。

門井　それによって古い家を手放さざるを得ない人がいる反面、努力もしないで、のうのうと生きている二世が減るという点では、相続税は高い方がいいわけです（笑）。これは難しい問題ですね。

奈良岡　戦後アメリカのシャウプ勧告[*111]で、直接税の比率が上がったんです。そのとき相続税も上がったのです。それは財閥解体や社会的不平等の是正という考えが背景にあったわけで、当時はそれが良しとされました。

　でもその結果、戦後七〇年以上経ってみると、文化的価値を持っていた不動産が分割されたり、売却されたり、破壊されたりということが続きました。相続税を上げ、社会の格差が小さくなったことが、街並みの破壊や統一性のなさにつながっている面もあるわけです。

門井　相続税が、街並みの破壊に大きく貢献したと。

奈良岡　だから街並みの統一や美観の維持のためには、平等性や社会的流動性を増すことを犠牲にして、相続税を下げるべきなのか。そのために富裕層を優遇すべきなのか。そこを国民全体が是とするかどうか。あるいは政治がそれを是とするか否か。この選択はなかなか難しいものがあります。

門井　我々の意識や政策についても言えるのですが、「お金持ちのことを悪く言わない」「お金持ちを大事にする」ということは、文化を発展させるうえでは、とても重要なことだと思います。

大金をつぎ込むことを否定せず、ポジティブにとらえる。そのようなメンタリティーを、我々はそろそろもたなくてはならないのではないでしょうか。現代では、とくにネットなどでは、お金持ちであることだけで極悪人のように叩かれる風潮があります。政治家は、そのような声に無闇に耳を貸す必要はないと思います。

奈良岡　お金を持っていること自体は、決して悪いことではないですしね。

門井　世の中には、ある程度の規模のお金を集めないとできないことが確実にあります。高価な紙がたくさんなければ、紫式部《むらさきしきぶ》は『源氏物語』は書けなかった。それは文化に限らず、あらゆる面において言えることです。お金は文化のためにも、建築や街並みのためにも、水を綺麗にするためにも必要なものです。

奈良岡　いっぽうで、お金持ちにも意識改革をしてほしいところがあります。戦前のお金持ちは相続税も安かったし、財閥や大企業の経営者などに、今より資産が集中する状況がありました。だからとんでもない大金持ちが、たくさんいたわけです。そのなかには、愚かなお金の使い方をした人たちもいたと思います。

でも岩崎家や三井家、住友家などを見ていると、文化的貢献をし、寄付もし、着実に人を育てています。彼らのお金の使い方はかなり公共性を意識しているし、社会的、文化的貢献を考えたものでした。

門井　単にお金を儲けるだけでなく、お金をいかに使うかというところに対する意識も、非常に高かったのですね。

奈良岡　今はそのような精神性の高いお金持ちが、減っているのではないでしょうか。その意味では、お金持ちの側の意識改革、行動パターンの見直しも必要だと思います。もちろん一般庶民のお金持ちに対するやっかみや攻撃も、考え直さなくてはなりません。両者とも必要なことです。

人災によって破壊されてきた近代建築

門井　これまで明治から平成に至るまでの建築と日本人の関係について、奈良岡さんと時代を追いながらみてきました。ここで改めて近代日本の建築が辿ってきた歴史から学ぶべき教訓と、これからの課題について再確認したいと思います。

近代日本は、大震災や大空襲などによってたびたび甚大な被害に遭ってきました。その結果、貴重な建物が随分失われてしまいました。その反面、戦争や災害によって我々の文明が飛躍した面もあります。

例えば、大正十二（一九二三）年の関東大震災によって、それまでの日本のレンガ建築は、ほぼすべて崩壊しました。ただそれを契機に、日本の建築技術は急速に進歩します。

その典型的な例が、震災から一〇年も経っていない昭和七（一九三二）年に造られた大磯の**旧池《いけ》田《だ》成《しげ》彬《あき》邸**[*112]です。あの時点であれだけのレベルの昭和モダニズム建築が完成していることに目を見張ります。池田成彬邸の建築計画がいつ始まったのかは分かりませんが、大震災後、日本のモダニズム建築が一気に進歩したことは間違いない事実です。

奈良岡　確かにそういう面もありますね。

門井　大正の大震災を経験し、それまでの近代的なものを我々は現代的なものに一新させたわけです。建築だけではなく、我々の文明そのものが進歩した、とも言えます。災害によって文明が発展してきたことは、認めざるを得ない事実です。もちろんだからといっ

旧池田成彬邸（昭和7年完成）

て、建物が壊れて、人命が失われていいわけがないのは、言うまでもないことですが……。

奈良岡　それにしても歴史や過去の建築について知るほどに、震災や戦争によって我々が失ったものがいかに大きいかを痛感します。近年は自然災害が非常に多いですし、今後も地震や風水害、台風で失われるものは多々あるだろうと思います。

　同時に戦争や自然災害で失われたもの以上に、人間が自分たちの造ってきた建築物の文化的価値、芸術的価値が分からないまま、人為的に壊してきたものも非常に多いと思います。

門井　天災よりも人災のほうが大きい、と。

奈良岡　我々が人災によっていかに偉大なもの、素晴らしいものを壊してきたか。そこに十分に思いを馳せるべきだと思います。

門井　大きな人災は空襲、小さな人災は相続時の破壊といったところでしょうか。

奈良岡　社会的仕組みから税制の問題、焼失など、様々なレベルがありますよね。特に大磯は空襲も小規模ながらあり、そこで失われたものがあります。かつてあれだけ多くの別荘があったにもかかわらず、現在、見られるものが限られた数点しかないというのは本当に残念なことです。歴史的由緒ある大邸宅の多くが失われたわけですからね。

門井　失われたものは、我々のような歴史に携わる人間が想像力によって再現するしかない。ただそのいっぽうで、大磯の方々が別荘群のこれからの保存について、一生懸命考えておられることは大きな希望です。

戦後に建てられた建物を保存することが重要

門井　私は東京の近代建築は、三回壊滅的なダメージを受けたと思っています。一回めは関東大震災（一九二三年）、二回めは東京大空襲（一九四四〜四五年）、三回めは東京オリンピック（一九六四年）です。

奈良岡　最近は明治・大正期に造られた歴史的建造物が「レトロ建築」として注目を集めていますが、古い木造建築を長く保つのは非常に大変なことです。かなり意識的にやっていかないと保存は難しいですよね。

そもそも私有財産をどう取り扱おうと個人の自由です。維持できなくなれば売却を考え、壊してしまうことに対して、第三者がとやかく言うことはできません。国や公的機関が引き取り、すべてを博物館のような扱いにするわけにもいかないですしね。状態が良いまま木造建築を保存するには、社会的なバックアップと理解が必要です。そのような仕組みをこれから作っていく必要があると思います。ただ日本の現状では、このような問題意識をもつ富裕層がそれほど多くなく、所得税や相続税が高いなど税制の問題もあり、文化的価値のある建築が残りにくい構造があります。

門井　たいていの場合、相続税対策で古い建物を壊してしまうことになるんですよね。日本では建物を長く維持するより、壊して更地にしたほうが経済的な負担は軽く済みますからね。木造建築の場合はなおさらです。

「文化的価値のある建築はすべて残せ」と義務化するのは不可能だし、現実的ではありません。そんなことをしたら、東京の街は発展を止めてしまいます。それはあり得ないとしても、岩崎邸のように後世に残すべきものはやはりきちんと残す方策を考え、保全すべきだと思います。

奈良岡　古い建物というものは、基本的には「後世に残す」と強く意識しないと、残りませんからね。

門井　とくに私が重要だと思うのは、戦後に建てられた建物を保存することです。我々が近代建築と言う場合、ふつう昭和二十年代以前、つまり戦前・戦中の建築を指します。昭和二十年代以降、戦後に建てられた建物が保存の対象とされることはあまりありません。

でも、今はただ古くて汚いだけのように見える文化住宅でも、ある時代を過ぎた時点で「壊してもったいなかった」と思う瞬間が必ず来ます。「あれこそが昭和二十年代の復興途上にあった日本人の生活を教えてくれる貴重な資料だった」と思うときが来るのです。そうなって後悔する前に、我々は今のうちにきちんと手を打っておかなくてはなりません。戦後建築に関しても、すでにそういう時期に来ているのです。

奈良岡　昭和二十年からでさえ、すでに八〇年近くが経とうとしているわけですしね。

歴史観が変わるウラジオストクの建造物

門井　いずれにしろ古い近代建築を保存することの最大の意義は、「戦前にも実は魅力的な文化があったんだ」などと、通説や常識とは異なる視点を、建築を通して我々に与えてくれるところです。

日本の近現代史においては、太平洋戦争で負けたこともあり、戦前はとにかく悪い時代だったとの史観が根強いですよね。明治維新から始まり、太平洋戦争に至るまで、近代はずっと悪い時代だったように言う人がいます。一時はそういう史観が非常に盛んでした。でも建築という現存するものによって、そのような考えが一気に覆《くつがえ》ることがあります。私が近代建築に注目するのは、そのような理由も大きいんですね。

奈良岡　私もまったく同感です。そのような意味で私が注目しているのが、日本人が海外で造った建築です。台湾や韓国、中国には日本人が造った建造物がたくさんありますが、門井さんはよく行かれていて詳しいと思います。そこでここでは、あまり知られていないウラジオストクの建築を紹介したいと思います。

門井　それはおもしろそうですね。

奈良岡　ウラジオストクでは戦前、最大六〇〇〇人の日本人が暮らしていました。当時、日本人居留民はかなりの勢力をもっていたのです。そのため今でも、日本人が造った建築物がかなり残っているんです。

旧総領事館だった建物が現在、裁判所になっていたり、旧銀行が博物館になっていたりします。それらの建物は、日本が戦争によって現地を占領し、無理矢理造ったものではありません。日本人が平和的にビジネスのためにロシアに行き、建設したものです。

これらの建築は、歴史を考えるうえで非常に興味深いものがあります。建築的に価値が高いものもたくさんあります。また日本人が造った建築物以外にも、興味深い建築物が多い土地です。

門井　ウラジオストクは、冷戦時代は軍港でしたよね。

奈良岡　はい。ですから長年、日本人の入国はシャットアウトされていました。ただ現在は、北方領土問題の解決に向けて安倍政権が日露の交流を増やす政策を進めています。以前はウラジオストクに行くには面倒な手続きが必要だったのですが、二〇一七年から簡易ビザ制度が導入されました。今では早ければ即日、遅くとも二～三日以内には電子申請だけでビザを取得できるんです。

その結果、今やウラジオストクは「日本から最も近いヨーロッパ」になっています。ヨーロッパを一番間近で体感できる場所として今後、注目のエリアです。

門井　それはいいことを聞きました。まずは家族といっしょに、観光旅行から（笑）。今後、人気が高まりそうですね。ウラジオストクへは羽田空港から二時間台で行けますよね。釜山に行くのと、ほとんど同じ感覚ですね。

奈良岡　満州や朝鮮、台湾にも日本人が造った有名な建築物がありますが、ウラジオストクはこれまであまり注目されていませんでした。それだけに非常におもしろいです。

日本は公的な建造物をもっと公開すべき

奈良岡　ところで私がイギリスにいたときに、感心したことがあります。ウィンザー城にしてもバッキンガム宮殿にしても、公務で使っていない夏の時期はオープンにしていることです。観光地として一般公開し、素晴らしい文化財、芸術品を誰もが体感できる場にしているのです。しかもその入場料が、イギリス王室の大きな収入の柱になっています。

そうやって古い建築を観光地化して収益を得ることは悪いことではありません。古い建築物を補修維持するには莫大な費用がかかりますからね。一般公開して得たお金を、修復のためにしっかり使えばよいのです。それが結果的に、外国人に対するイギリス文化への理解を深めることになり、さらなる観光収益の向上にもつながります。

門井　そのような良いサイクルをつくることが、その国の文化や経済の活性化につながるわけですね。

奈良岡　日本だって皇室がもっている建物が各地にたくさんあるのだから、それらをもっと一般に開放すればよいと思います。払い下げられた静岡県の沼津御用邸や栃木県日光の田母沢《たもざわ》御用邸などはすでに公開されています。でも現在、皇室がもっている建物は、ほとんど公開されていません。

そのようなか、明治四十二（一九〇九）年に造られた迎賓館赤坂離宮[*113]（東京都港区）の一部が数年前から一般公開されるようになりました。これはとても良いことだと思います。この建物は戦前の日本がもっていた技術力や美術の粋を集めたもので、歴史的にも芸術的にも、建築的にも非常に価値が高い。そういうものを一般の人が間近で体験することはとても大事だし、大きな観光資源になります。

まだ部分的な公開で、常時見学できるわけではないようです。国賓を招く際に使っている場所だから、常時公開は難しいのかもしれません。それでもできる限り、公開の度合いを広げていくべきだと思います。

門井　アメリカではホワイトハウスも、大統領が不在のときは執務室を一般公開していて、自由に見学ができますよね。日本の国会議事堂だって、国会閉会中は一般公開して良いのではないでしょうか。立派な近代建築ですからね。陳情団のような一部の団体だけでなく、誰もが気軽に訪れて見学できる場所にしてほしいものですね。

奈良岡　イギリスでは夏にオープンハウスというイベントがあります。首相官邸は抽選制で数は限られますが、外務省や国会など現在、使われているいろいろな名建築が数日間、一般に向けて公開されます。素晴らしいイベントですよね。ぜひ東京でもオープンハウスのような取り組みを実施してほしいと思います。

門井　日本には、そのような鑑賞に値する近代建築がいっぱいありますからね。法務省旧本館の赤レンガ棟は現在、博物館（法務史料展示室）になっています。日銀本店は辰野金吾《たつのきんご》が建てた後、弟子の長野宇平治《ながのうへいじ》*114が二号館と三号館を造りました。鉄筋コンクリートの貴重な建物です。

また昭和天皇が昭和三十～四十年代まで過ごされた、皇居の御文庫《おぶんこ》という建物がありま
す。御文庫というと優雅に聞こえますが、防空施設です。明治宮殿[*115]もそうですが、戦前に造られた建物はコンパクトで、とても機能的です。米窪《よねくぼ》明美《あけみ》さんの好書『天皇陛下の私生活　1945年の昭和天皇』では、昭和天皇が御文庫をとても気に入っていたと書かれています。御文庫の公開は難しいかもしれませんが、皇居内にあるほかの建物の公開は、ぜひ検討していただきたい。入場料をとって公開することは、あの「思想の時代」でなくなった今、現実的に難しいことではないと思います。

奈良岡　いずれにしろ近代日本の文化的蓄積は、相当なものがありますよね。それを広く国民が共有し、現代の生活を豊かにするための資源として活用していく。そういう発想がもっとあっていいと思います。

日本人には新築神話が根強い

門井　今、大勢の中国の人たちが、観光で日本中の都市を訪れています。当然いろんな近代建築、近代遺産に触れるわけですが、それらは中国人にとっては日中戦争を思い出させ

る忌まわしい遺産かと思いきや、皆さん、とてもおもしろがって見学しています。

奈良岡　大阪では大阪城に、多くの中国人が訪れていますよね。あそこは戦時中に砲兵工《こう》廠《しょう》があった場所ですから、これも私などからすれば驚きです。でも中国人は、まったくこだわらない。あくまで観光スポットの一つととらえていて、悪い感情はもっていないようです。そういう意味では皇居の建物だって、入場料をもらって外国人観光客に公開したところで、まったく問題ないと思います。

門井　確かにそうですね。また外国人は、我々が何の関心ももたないところや、意外な場所に興味を抱いたりしますよね。「そんなところがおもしろいのか」、と驚かされることもよくあります。日本人が気づいていない日本の価値を、外国人が見つけてくれる面もあるんです。

奈良岡　京都の伏見稲荷《ふしみいなり》大社[*116]なんて、私が大学生の頃はそんなにメジャーな場所ではありませんでした。それが今や朝早くから外国人だらけですからね。「インスタ映えするから」と、外国人が京都で一番行く人気スポットになっているのです。

門井　最近の京都の人気は、凄まじいものがありますね。嵐山なんて日本語が通じない（笑）。あそこもインスタ映えするから人気なのでしょう。そんな京都の人気から考えても、古い建物の復権は隠れた観光地の掘り起こしになります。

建築と歴史に関して一つ指摘しておきたいのは、現代人には「建物は新築が一番いい」という新築神話が根強くあることです。だから建物が古くなると、リフォームすることなくすぐ壊し、新しい建物を建ててしまう。

でもそろそろ、そんな「新築神話」から脱却すべきです。これからは確実に、そういう時代ではなくなります。今ある家をどうリフォームして使っていくか、という時代にすでになりつつあります。

奈良岡　今後、日本もヨーロッパ並みに古い建物を大事にする社会になっていくべきだし、そうなっていくはずですね。

門井　リフォームのあり方を考えるうえでも、近代建築はお手本として役に立つのではないかと思います。明治・大正・昭和初期の建物が建築当時のまま、現在も残っていることはまずありません。必ず一回か二回は修復やリフォームされています。

中之島の大阪市中央公会堂[*117]は、リフォームする前はボロボロで誰も使いたがらない建物だったそうです。それを綺麗にしたら、みんなが使うようになったうえ、今や大阪を代表する観光スポットとして、多くの観光客が記念撮影をする場所になっています。

ボロボロだからと壊していたら、今となっては大変な損失でした。これは劇的な例ですね。

奈良岡　一般の住宅においても、レベルや方法は違うにしても、リフォームして持ち主の好みに変えていくことは今後増えていくと思います。

門井　今の技術なら、少しくらい柱を減らしても大丈夫なところがありますしね。内装を変えるだけでも、随分と印象が変わります。

　それこそ横浜や神戸の山の手の外国人住宅などは、リフォームによって価値が大きく増すはずです。横浜の「エリスマン邸」[*118]や神戸の「うろこの家」[*119]などは、持ち主がどんどん変わっていきます。でもその度に一般の生活者の視点でリフォームを繰り返し、保全されてきました。古い近代建築を使い続ける「リフォームのお手本」として、今後おおいに参考になるのではないでしょうか。

国民全員で文化遺産を守る時代へ

奈良岡　建築物には建築的な価値をもつものと、建築的には平凡な意匠だったり、無名の建築家が造ったりしたものでも、歴史的な意義や由来があるものがある。滄《そう》浪《ろう》閣《かく》は後者の例ですね。

逆に、有名な建築家が造ったものや、意匠として「この時期にこんなものが入ってきていた」といったことを教えてくれる点で価値があるものもあります。池田成彬邸は、その一つの例かもしれません。

どちらにしても、日本では木造建築が多いこともあって、そのような価値ある建造物が失われやすい。そのようななかで、かろうじて近代建築を残してきたのが企業、特に財閥系の企業です。

門井　大磯でいえば池田邸を残した三井住友、陸奥《むつ》宗光《むねみつ》邸、大隈《おおくま》重信《しげのぶ》邸を残した古河財閥などですね。

奈良岡　財閥ではないけれど、吉田邸は堤康次郎が造った西武のグループによって保存されてきました。企業の努力によって、李王家東京邸（現・赤坂プリンス クラシックハウス）もまだ残っています。

ただ今後、「創業家と関係があるからずっと保存して大事にしよう」「企業の保養所として活用していこう」といった発想は、どんどんなくなっていくと思います。現在は、旧来の日本企業を中心とした社会のあり方が激変しています。産業構造が変わり、旧財閥系も創業以来の理念や人脈を必ずしも守っているとはいえなくなってきています。

門井　合同や合併も多いし、外資系もどんどん入ってきていますよね。

奈良岡　そのような経済環境のなかで、終身雇用制が崩壊し、日本企業が大切にしてきた家族的な社風も薄れてきています。保養所に対しても「そんな無駄なことに金は出すべきでない」という株主の声が強くなり、企業が手放し、荒れ果てた別荘跡が増えています。

　価値ある建造物を残すうえで、これまでの企業の役割や功績には素晴らしいものがありました。でも今後もそれを期待するのは難しい。このような状況のなか、古い建物のすべてを残すことは難しいかもしれません。企業が歴史的価値、芸術的価値がある建築物を残すことができなくなったら、一体誰がそれを守るのか……。

門井　それに代替するものは、市民しかないですよね。

奈良岡　国民一人ひとりが今、我々の前に残っている大事な文化的遺産をどう守り伝えていくのか、ちゃんと考えて声を上げなければいけない時期に来ているわけですね。

　いずれにしろこのまま放っておくと、価値ある文化遺産がどんどん失われていきます。みんなで智恵を絞って、価値あるものをどういうふうに残していくか、考えなくてはなりません。社会全体で支えていくしかないのです。もちろん政府による公的サポートも必要ですし、双方の動きを循環させていく仕組みも必要です。

街並みの整備は一〇〇年単位で考えよ

門井　最後に街並みや建築のことを考えるうえで無視できない、災害についても触れておきたいと思います。

　東日本大震災は、日本建築史のうえでは極めて大きな事件でした。それは、あれだけの巨大地震が起こりながら、地震そのものによって東京が壊滅することはなかったということです。もちろん個々の物件では不幸な事故もありましたが、全体としては大正十二（一九二三）年の関東大震災や昭和二十（一九四五）年までの空襲で破壊され尽くした東京が、大災害に直面しても致命的な機能麻痺《まひ》には陥らなかったのです。

　東日本大震災のような大震災でも壊れない街が今後、壊れるとしたら戦争くらいしか考えられません。でももう一度戦争が起きて、東京が滅びることは、今のグローバル社会では想定しづらい。ということは今後、街が崩壊し、ゼロから新しく建物を建てることになる可能性は極めて低いのです。

奈良岡　まさにこれからは「リフォームをしていくしかない」のですね。

門井　リフォームによって街並み全体を整えていくには、極めて長い時間が必要です。となると政治も我々一人ひとりの市民も、我慢することを覚えなくてはなりません。我慢を忘れ、一時でも無闇に新しい様式に飛びついてしまうと、それまで長い時間をかけて築き上げてきた調和が崩れてしまうからです。

奈良岡　本当に美しい街並みを残すなら五〇年、一〇〇年単位でものを考える必要があるということですね。

門井　はい。ただそれは、近代人が最も苦手とすることでもあるんです。例えば以前、話に出た隠れキリシタンなどは二六〇年の長きにわたって、代々同じ信仰を守り続けていたわけですよね。

　でも現代人は、自分の世代のことを考えるのに精いっぱいで、代々にわたって長期のスパンで何かをするという発想がありません。またそのようなことが極めてやりにくい世の中の仕組みになっています。そのなかで代々にわたって、同じ様式に耐えなければいけない。この矛盾を、我々はまずしっかり意識しなければいけません。

もちろん新しいものに飛びつくことが、必ずしも悪いことだとは言いません。でもそれによって、街並みが極めて甚大な犠牲をこうむる可能性がある。いっぽうそれに耐え続ければ、自分たちの代は無理でも子や孫の代が素晴らしい街並みを享受することができるかもしれない。「どちらを取りますか?」という話です。

奈良岡　現代人は、どうしても新しいものを良しとする傾向がありますからね。

門井　ガラスとコンクリートのビルが必ずしも悪いわけではありません。それを五〇年間続ければ、それはそれで統一された街並みになるわけですから。ただ五〇年間、ガラスとコンクリートのビルを造り続けることに果たして耐えられるのか。その間に、必ず新しい建材や工法が出てくるはずです。

奈良岡　なるほど。流れに任せていては、どんどん新しいものへ変わっていってしまうわけですね。

オリンピック、万博を無事に開催できるかも大きな課題

奈良岡　門井さんがおっしゃるように、東日本大震災によって東京全体が機能麻痺になら

なかったことは貴重な経験だと思います。いっぽうで、私は神戸の震災の時、関西に住んでいました。震災が起こった直後の街も歩きました。あの都市直下型地震の恐怖は、東日本大震災の時の東京にはなかったものです。私は、あのような都市直下型の地震が起きる可能性は、今後の東京でもあると思います。

門井　確かにそうですね。

奈良岡　東日本大震災では東京はそこまで被害を受けなかったために、話が原発のほうへ向かった面があります。もちろん原発の問題が重大な問題であることは疑いようもありませんが、都市直下型地震や、都市に津波がやってくるリスクも同じくらい重要です。

　そこに対する備えは、やはり怠ってはいけないと思います。もちろん二〇二〇年の東京オリンピック、二〇二五年の大阪万博は絶対に成功してほしい。でも何となく現在の議論は、「高度経済成長期のようにオリンピック、万博までは何とか成功するだろう。でもその後の景気悪化が心配だ」といった論調が多いのが気になります。

門井　そもそもオリンピックや万博を無事に乗り切ることができるかどうかも分からない、ということですね。

奈良岡　二〇二〇年、二〇二五年までに東京や大阪にかつてない大地震が起きる可能性だってあるわけですからね。現在、史上最多の外国人が日本列島に毎年、押し寄せています。そのような時に都市直下型地震でも起きれば、とんでもない大惨事になります。

また東京や大阪でテロが起きる可能性もある。新幹線は昭和三十九（一九六四）年の東京オリンピック時に開通しましたが、あれだけ長距離・高速の乗り物にセキュリティチェックなしで大量の人を乗せている国は日本ぐらいではないでしょうか。

門井　そうかもしれませんね。

奈良岡　このようなシステムを維持できてきたのは日本が島国で、それほど海外から人がやって来ないという前提条件があったからです。でも今や日本は年に三〇〇〇万人以上の外国人が訪れる国です。国際的なイベントの多くがテロのターゲットになっている状況のなか、果たして日本でテロが起こらないと言い切れるのか。そのような懸念も私にはあります。

門井　確かに、これまで小さな事件はあったものの、大規模なテロに遭うことなく、今日までやってこられたことは、奇跡的なことかもしれません。新幹線が動いている時に大地震が起こる可能性だってありますし、いつテロのターゲットにされてもおかしくないですよね。

奈良岡　そもそも二〇二〇年のオリンピック、二〇二五年の万博自体、無事で終わらせることができるのか。まずそこから考える必要が、あるのではないでしょうか。私が心配症というか、悲観的なせいかもしれませんが……（笑）。この思いが杞憂《きゆう》に終わることを祈りつつ、政府や我々国民自身がオリンピックや万博の後もそういう危機意識をもち、しっかり準備すべきだと思います。

我々は未来にどんなレガシーを残すのか

門井　同時にオリンピックや万博は、ただ成功さえすればいいわけでもない。これまで何度も話してきたように、このイベントを通じて、我々は次の世代にどんなレガシーを残すのか。そこが最も大事なところです。

奈良岡　この対談では明治、大正、昭和、平成の代表的な建築物を挙げ、そこから当時の政治や社会、人々の価値観や意識を紐解いてきました。我々はそれら過去の遺産を大切に保存し、活かしながら、変えるべきところは変え、新しい街並み、社会をつくっていかなくてはなりません。

そのうえで、これからは今までのように政府や企業に頼ってばかりはいられず、国民一人ひとりの意識や行動が、ますます大事になってきていることも確認しました。果たして我々は令和の時代に、未来に対して、どのようなレガシーを残すことができるのか。楽しみであるとともに、当事者の一人として襟を正す思いです。

門井　国民が主体になってこれからの建築や街並み、社会を考えるということは、実はとても厳しい話でもあります。場合によっては、そのために自由が制限されるかもしれないし、コストも負担しなくてはならないでしょう。

それでも過去の遺産のうえに生きる我々は、未来に対しての責任がある。未来に対する責任を担う覚悟を、まずはしっかりもたなくてはなりません。そのうえで未来はどうあるべきかを、真剣に考える必要があります。その際には、過去から学ぶことも大切です。そういった意味でも、今回の奈良岡さんとの対談が、本書の読者の皆さんにとって何らかのヒントになれば嬉しい限りです。

＊107　自由学園

大正期の新教育運動のなか、羽仁もと子が大正十（一九二一）年に豊島区雑司が谷に設立。キリスト教的な自由主義に基づく生活教育を実践している。

＊108　太陽の塔

昭和四十五（一九七〇）年に開催された大阪万博のシンボルとして、岡本太郎が制作した造形物。万博終了後も大阪府吹田市の万博記念公園に保存されていたが、経年劣化していた部分を修復・復元し、平成三十（二〇一八）年三月から一般公開された。

＊109　夢洲

大阪湾に面する三九〇ヘクタールの人工島。大阪府・市ではここにカジノを含む統合型リゾートを誘致し、国際観光拠点とすることを計画している。

＊110　三菱ケ原

明治二十三（一八九〇）年に、政府から三菱に払い下げられた陸軍用地。三菱はそこにロンドンのロンバート街をモデルに、赤レンガの建物を建て、オフィス街として開発。現在の丸の内となった。

＊111　シャウプ勧告

アメリカの経済学者、シャウプを団長とする税制使節団が昭和二十四（一九四九）年と翌年に出した勧告。直接税を中心とし、地方財政を強化する内容で、戦後日本の税制の原点となった。

＊112　旧池田成彬邸

大磯にあった西園寺公望の別荘地を、三井銀行の大番頭で、後に日銀総裁、大蔵大臣を務めた池田成彬が取得。地下一階、地上二階の英国風の洋館を建てた。

＊113　迎賓館赤坂離宮

明治四十二（一九〇九）年に東京港区赤坂に東宮御所として造られた離宮。ネオ・バロック様式の石造の建物で、設計は片山東熊。戦後、迎賓館となり、室内には今泉雄作、浅井忠、黒田清輝らの作品が飾られている。一九七四年に村野藤吾によって改修され、現在、部分的に一般公開されている。

＊114 長野宇平治

一八六七〜一九三七。建築家。帝大工科大学造家学科卒。辰野金吾の弟子で、日本銀行技師として数々の銀行建築の設計を担当する。晩年は日本銀行本店の増築工事、大倉精神文化研究所本館（現・横浜市大倉山記念館）などを手がける。

＊115 明治宮殿

明治時代から第二次世界大戦末期まで、皇居内にあった皇室の中心的施設。外観は京都御所を模した和風で、内部は椅子やシャンデリアがある和洋折衷の木造建築だった。第二次世界大戦末期の空襲により、全焼した。

＊116 伏見稲荷大社

京都市伏見区の稲荷山にある神社。全国に三万ある稲荷神社の総本社。千本鳥居が有名で、本殿などは国の重要文化財に指定されている。

＊117 大阪市中央公会堂

大正七（一九一八）年に大阪市北区に建設された多目的ホール。老朽化が進んだため一九九九年から二〇〇二年にかけて改修工事を実施。日本有数の公会堂建築として、国の重要文化財に指定されている。

＊118 エリスマン邸

生糸貿易商社シーベルヘグナー商会のフリッツ・エリスマンの邸宅。設計はチェコ人建築家のアントニン・レーモンド。洋風住宅の意匠と木造モダニズム的要素をあわせもつ。昭和五十七（一九八二）年に一度解体されたが、平成二（一九九〇）年に元町公園内に再現された。

＊119 うろこの家

神戸市北野町に外国人向け高級借家として建てられた。外壁を覆う天然石のスレートが魚のうろこに似ているため、うろこの家と呼ばれるようになった。神戸で最初に公開された異人館である。

あとがき

門井慶喜

この対談は「まえがき」にもあるとおり、三回にわけておこなわれた。その一回目は本書の第一章にあたり、対談の場所は奈良ホテル。

日本人建築家第一世代の第一人者・辰野金吾が設計に関係した第一級の建物のなかで、ほかならぬ辰野金吾について語り合うこと自体が貴重である上に、さらに相手が奈良岡聰智さんと来れば。対談終了後、私は思わず、

「ディズニーランドより楽しかった」

と言ってしまった。もとよりあの巨大遊園地も大好きなのだが、私にはそこで過ごす以上にわくわくする、冒険にみちた数時間だった。

――つぎは、大磯に行きましょうか。

という話もそのとき出た。伊藤博文、大隈重信、原敬、加藤高明、吉田茂といったよう

な日本近現代を代表する政治家がそこに建てた別荘群については奈良岡さんが史跡保存に関係されたことがあり、取材の便がはかりやすい、忘れられた近代史を掘り起こすきっかけになるだろう。

私たちは、この役得をぞんぶんに利用した。短期的には自分のために、結局のところは読者のために。そのへんのところは第二章にくわしいが、じつは奈良岡さんは、最初に大磯の名を挙げられたとき、ほかにももうひとつ意外な地名を口にされたのである。

「ウラジオストク、おもしろいですよ。日本から近いし、戦前はたくさん日本人も行っていました。近代建築もよく残ってます」

こちらのほうは結局、対談の企画としては実現しなかったが、しかし私的な旅行としては実現した。翌年の夏、私は、家族旅行の目的地のひとつにこのロシア極東の軍港都市をえらんだからである。

まあ三人の子供がみんな男の子で、鉄道ずきで、

「シベリア鉄道に乗ってみたい！」

と強く主張したことも一因なのだが、たしかにウラジオストクはおもしろかった。ふるい建物と、あたらしい高層ビルディングとが、感覚的には一対一くらいの割合で混在して

いる光景はもはや日本のどこでも見られないだろう。そのかわりこの街では近代建築というものに特別な価値もないようで、いい感じの古民家に、ときどき毒々しい色のペンキが上塗りされたりもしている。

なるほど東京のように関東大震災に襲われたわけでもなく、米軍の空襲を受けたわけでもなく、オリンピック開催にともなう大改造を経たわけでもないこの街では、それもまた、

――自然なのかな。

などと思ったりした。

三回目の対談は丸の内でおこなわれた。たっぷりと時間をとって第三章、第四章の話をしたが、ときおり窓の外をちらりと見ると、東京駅のあの赤煉瓦がまぢかに見えるのが印象的だった。

しめくくりにふさわしい場所だった。奈良岡さんはもちろんのこと、毎回いろいろと気遣いしてくださった潮出版社の吉田孝さん、堀田知己さんに感謝する。なお本書のタイトルは版元の希望による。

- 奈良岡聰智「片岡直温と京都」(『京都市政史編さん通信』36～38号、2009年11月～2010年7月)
  片岡の人物像を京都とのかかわりを中心に考察した小論。

- 村松貞次郎『日本近代建築の歴史』(岩波現代文庫、2005年)

第二章

- 奈良岡聰智「近代日本政治と「別荘」—「政界の奥座敷」大磯を中心として」(筒井清忠編著『政治的リーダーと文化』千倉書房、2011年)
  大磯の別荘地としての歴史と役割について考察した論考。

- 『吉田 茂—その生涯と大磯』(大磯町郷土資料館、2017年)
  吉田茂と大磯のかかわりをまとめた図録。

- 島本千也『海辺の憩い:湘南別荘物語』(島本千也、2000年)
  湘南の別荘地としての発展について考察した隠れた名著。

- 宮原安春『軽井沢物語』(講談社、1991年)
  軽井沢の別荘地としての発展について考察した著作。

- 同志社編『新島襄の手紙』(岩波文庫、2005年)
  新島襄は療養中の大磯からも手紙をさかんに書いて出した。晩年の思想がうかがえる。

第三章

- 頴原澄子『原爆ドーム:物産陳列館から広島平和記念碑へ』(吉川弘文館、2016年)
  広島県産業奨励館が「原爆ドーム」として保存されるに至った経緯を明らかにしている。

ブックガイド

本書では、レトロ建築にまつわるさまざまなエピソードを紹介しているが、その内容は先学の調査・研究に拠っているものが少なくない。以下では読者の便を考え、著者たちの関連著作を含めて、本書の内容にかかわる主な参考文献を紹介する。読者のさらなる考究の参考になれば幸いである。

第一章

- 門井慶喜『家康、江戸を建てる』(祥伝社文庫、2018年)
- 門井慶喜『東京、はじまる』(文藝春秋、2020年)
- 高橋是清著、上塚司編『高橋是清自伝』上下(中公文庫、2018年)
  高橋が自らの波乱万丈の生涯を晩年に語った自伝。
- 河上眞里・清水重敦『辰野金吾』(ミネルヴァ書房、2015年)
  現在最も信頼できる辰野の評伝。
- 建築画報社編、藤森照信・原徳三・鈴木博之編
  『ジョサイア・コンドル』(建築画報社、増補改訂版2019年)
  コンドルの作品を網羅した信頼できる図録。
- 瀧井一博『伊藤博文:知の政治家』(中公新書、2010年)
  伊藤を「知の政治家」と評しているが、大磯での生活を踏まえるとその意味がよく分かる。
- 藤森照信『近代日本の洋風建築 開化篇』(筑摩書房、2017年)
  日本近代建築史の第一人者によるコンドル論を収録する。

・奈良岡聰智「議場構造論：「ひな壇」廃止論をめぐる攻防を中心として」（御厨貴・井上章一編『建築と権力のダイナミズム』岩波書店、2015年）
日本の国会の議場構造について分析した論考。

第四章

・平野暁臣『大阪万博：20世紀が夢見た21世紀』（小学館、2014年）
大阪万博のさまざまな記録・写真を集成した資料集。

・大阪大学21世紀懐徳堂編『なつかしき未来「大阪万博」：人類は進歩したのか調和したのか』（創元社、2012年）
識者が大阪万博の意義について語り合った対談集。

・吉見俊哉『博覧会の政治学：まなざしの近代』（講談社学術文庫、2010年）
欧米・日本における博覧会の歴史を通観した著作。

・岡本哲志『「丸の内」の歴史：丸の内スタイルの誕生とその変遷』（武田ランダムハウスジャパン、2009年）
「丸の内」開発の歴史とその意義について分析している。

・藤森照信『近代日本の洋風建築 栄華篇』（筑摩書房、2017年）
未開発の「三菱が原」にすぎなかった丸の内がビル街に発展する経緯を、建築家の視点から明らかにしたもの。図版多数。

・米窪明美『天皇陛下の私生活：1945年の昭和天皇』（新潮文庫、2018年）
戦時下の昭和天皇の儀式や食生活ほかを描く。皇居内の建物についての言及も多い。

- 高瀬毅『ナガサキ：消えたもう一つの「原爆ドーム」』（平凡社、2009年）
  長崎の旧浦上天主堂が「原爆ドーム」にならなかった経緯を明らかにしている。

- 木下直之『わたしの城下町―天守閣からみえる戦後の日本』（ちくま学芸文庫、2018年）
  戦後の天守閣復興について考察した著作。

- 浜田幸絵『〈東京オリンピック〉の誕生：一九四〇年から二〇二〇年へ』（吉川弘文館、2018年）
  戦前・戦後の東京オリンピックをめぐる歴史を考察した著作。

- 片木篤『オリンピック・シティ 東京 1940・1964』（河出ブックス、2010年）
  オリンピックを契機に東京がどのように変わったのかを分析している。

- 森稔『ヒルズ 挑戦する都市』（朝日新書、2009年）
  森ビルの実質的創業者が「六本木ヒルズ」開発に込めた思いを語ったもの。

- 御厨貴『権力の館を歩く：建築空間の政治学』（ちくま文庫、2013年）

- 御厨貴『権力の館を考える』（放送大学教育振興会、2016年）
  首相官邸、有力政治家の私邸など政治に関係する建物を探訪し、その建築空間を分析した著作。

門井慶喜《かどい・よしのぶ》

作家。1971年群馬県生まれ。同志社大学文学部卒業。2003年『キッドナッパーズ』でオール讀物推理小説新人賞を受賞。06年に『天才たちの値段』で単行本デビュー。『東京帝大叡古教授』『新選組颯爽録』『家康、江戸を建てる』など著書多数。16年に『マジカル・ヒストリー・ツアー　ミステリと美術で読む近代』で日本推理作家協会賞（評論その他の部門）を受賞。18年1月に『銀河鉄道の父』で直木賞を受賞。

奈良岡聰智《ならおか・そうち》

京都大学大学院法学研究科教授。1975年青森県生まれ。京都大学大学院法学研究科博士後期課程修了。専門は日本政治外交史。京都大学大学院助教授を経て、2014年より同大大学院法学研究科教授。著書『加藤高明と政党政治』（吉田茂賞）、『「八月の砲声」を聞いた日本人』、編著『ハンドブック近代日本外交史』など多数。『対華二十一ヵ条要求とは何だったのか』で15年にサントリー学芸賞、アジア・太平洋賞大賞を受賞。

［初出］
本書は、第1章は「潮」2018年9月号掲載の対談原稿、
第2章は「潮」2019年1月号掲載の対談原稿、
第3章〜4章は本書のための語り下ろしを編集し、
加筆・修正したものです。本書中は敬称を略しています。

潮新書 033

誰かに教えたくなるレトロ建築の話

2020年　3月5日　初版発行

著　者｜　門井慶喜　奈良岡聰智
発行者｜　南　晋三
発行所｜　株式会社潮出版社
〒102-8110
東京都千代田区一番町6　一番町SQUARE
電話　■ 03-3230-0781（編集）
　　　■ 03-3230-0741（営業）
振替口座 ■ 00150-5-61090

印刷・製本｜　株式会社暁印刷
ブックデザイン｜　Malpu Design

ISBN978-4-267-02238-8